Spiritual Culture
青心文化

三毛

一生执着，爱与自由

路虹燕 —— 著

中国青年出版社

图书在版编目（CIP）数据

三毛：一生执着，爱与自由/路虹燕著 .-- 北京：中国青年出版社，2024. 10. -- ISBN 978-7-5153-7465-9

Ⅰ . K825.6

中国国家版本馆 CIP 数据核字第 2024M1P882 号

三毛：一生执着，爱与自由

作　　者：路虹燕
责任编辑：吕娜
特约策划：西离
封面插图：里里
书籍设计：安宁
出版发行：中国青年出版社
社　　址：北京市东城区东四十二条 21 号
网　　址：www.cyp.com.cn
经　　销：新华书店
印　　刷：山东新华印务有限公司
规　　格：787mm×1092mm　1/32
印　　张：11
字　　数：200 千字
版　　次：2025 年 1 月北京第 1 版
印　　次：2025 年 1 月山东第 1 次印刷
定　　价：69.00 元

如有印装质量问题，请凭购书发票与质检部联系调换。联系电话：010-57350337

序言

　　一直，我都觉得她离我很遥远，如撒哈拉沙漠，如加那利群岛……又恍惚，她一直就在我身边，似乎曾随她一起在沙漠里探险，随她一起去美丽的加那利群岛，随她的脚步一起走过万水千山，也随她喜、随她悲……

　　夜深人静时，捧一本三毛的书，读她的文字，想着世上还有这样一个奇女子——喜欢读书却不喜欢上学，对万事万物有着极大的兴趣和爱好，不爱名利物质，只爱流浪……她就是三毛。在她身上，率性和纯真、孤僻和热情、抑郁与乐观并存，是一个热爱流浪、多情又可爱的奇女子。

　　三毛，原名陈懋平，英文名 Echo。生于 1943 年，卒于刚刚翻开的 1991 年，享年仅仅 48 周岁。坦白说这是一段短暂的人生，而三毛却说："我的一世比别人的十世都长。"是的，她没有辜负她在这世上的一次轮回。二十四岁，三毛因爱无果，毅然决定出国。从此，开始了自己一生的流浪生活。她先后走过了54个国家,足迹遍布世界各地,称得上是走遍万水千山。更值得称道的是三毛一生共发表了二十四部作品,每本书每句话每个字都是三毛亲身的经历,这份最纯真的创作让她的人生闪耀着万丈光芒,并迅速地在全球华人中广为流传。

在三毛第一个流浪的国家——西班牙,三毛遇到了人生最重要的人——荷西·马利安·葛罗。

荷西·马利安·葛罗,1951年10月9日出生于西班牙的安杜哈尔市,排行老三,是家中的第二个儿子。荷西的职业是一名潜水工程师,后来不幸死于一场海底潜水工作中。

三毛印象里最初的荷西只是一个刚上了高三的、稚气、阳光、英俊的西班牙男孩子。

长发,黑色的眼睛,加上东方人特有的黄色皮肤,初相识,荷西就被三毛深深地吸引了。这个活泼可爱的东方女子,身上散发着他说不出来却深深地吸引着他的气质。

只一眼,荷西就沦陷了。

三毛没有在意这个比自己小八岁的荷西发自肺腑的爱情表白。她认为,那只是他一时的兴起,不必当真,也不可当真。所以,当三毛离开西班牙回台湾时,甚至没有与荷西告别。

整整六年,当三毛再一次回到西班牙时,才发现,六年前承诺要娶自己的荷西竟然还一直站在那儿,等着自己。而三毛呢,再回首却似百年身……

荷西用留长的胡子掩饰着自己的稚气，他热情地抱着重逢的三毛就地转圈，他把三毛的照片贴了满墙，他用一切能表达的方式表示着自己的真情。

此时，三毛刚刚失去了未婚夫，正是感情最脆弱的时候，荷西的真情深深地打动了三毛。一段传为佳话的爱情终于开始了。

三毛用自己的亲身经历描述了自己或生动、随意，或悲伤、诙谐的浪漫爱情，如人饮水的流浪生活以及各地不同的生活习俗。

有人说："读三毛的作品，发现一个由生命所创造的世界，像开在荒漠里的繁花，她把生命高高举在尘俗之上，这是需要灵明的智慧和极大的勇气的。"

三毛，就是这样传奇的女子。

目录
Contents

目录
Contents

目 录

Contents

第一卷

传奇就这样开始

一个人至少拥有一个梦想，有一个理由去坚强。心若没有栖息的地方，到哪里都是流浪。

从小就
特立独行

三毛语录：其实，一生的兴趣极多极广，真正细算起来，总也是读书又读书。当年逃学也不是为了别的，逃学是为了去读书。下雨天，躲在坟地里啃食课外书，受冻、说谎的难堪和煎熬记忆犹新，那份痴迷，至今却没有法子回头。

时光荏苒，不知道有谁还记着它流淌了多久？像无数年前一样，那被风吹动的排排红色灯笼还在，依然闪着动人心魄的光芒，倒映在波澜不惊的江面上。江中不时有咿咿呀呀的船只悠闲而来，也不远离。不论白昼与黑夜，这里都像个不眠之城，这里便是有着"灯火甲天下"之称的秦淮河。

是秦淮河造就了南京，也成就了无数的文人骚客。他们匆匆而来，无论结局怎么样都留下了无数的经典作品，给南京这个古都增添了无数的文化传奇，使这座城的文化底蕴越积越厚。

三毛，1943 年出生，原名陈懋平，懋是她这辈的排行字。在那个战火纷飞的年代，一直祈求和平的父亲就取了和平的"平"字给自己的二女儿，表达了两个心愿，一愿这个世界和平，二愿自己的家人平安。

所有的记忆都是从南京开始的。她，陈懋平，虽然出生地是重庆，可是那个只待了三年的南京却影响了她的一生。

今生，她从这里开始。

那是头条巷四号的一所大房子，楼梯在房子的中间，很宽阔，一水儿的木制扶手，溜光鉴人。那时候，她总是在楼梯上爬来爬去。房子外是青的草、高大的梧桐，还有那随风晃动的无人秋千，在阳光明媚的早上，自顾自地摇荡。生日里得到的玩具，堂哥的、姐姐的，她总是随手拿随手扔，没有喜爱，只是为了打发无聊的孤单。

第一次发现那个图书馆时，是跟在大自己三岁的姐姐后面，她穿着小碎花的连衣裙，一双黑色的平底皮鞋，连那上楼下楼的奔跑都是跟跄的。

大伯家的二堂哥总是跑在第一个，姐姐第二，她跟在最后，每次她都是硬挤开姐姐就要关上的门。那时她太小，根本不识字，不懂得读书，姐姐由着她跟屁虫一样地跟着，她亦如他们一样盘着腿，坐在木制的地板上，小小的肉乎乎的手，像哥哥姐姐一样，在地板上的书堆里一本一本地翻找着。那时她不识字，只看图。

她不懂读书，却爱看那书里的小人，很可爱，竟然会乐会哭。她亦跟着画册里的人物时而笑，时而叹息。她认识的第一个小画人叫三毛，只有三根很是特别的头发，一颗肉肉的蒜头鼻，小眼，衣衫褴褛，头大却骨瘦如柴。无父无母，无家可归，一个流浪的小孩子过着人间最悲惨的生活。

就是这个小小的人物深深地烙在了陈懋平的小小心灵上，一下子就深深地扎下了根，后来的陈懋平不仅把自己笔名定为三毛，还开始了如三毛一样的流浪生活。

从流浪的三毛开始，陈懋平一下子迷上了书籍。她好像为书而生的一样，一天不到那个"图书馆"，一天闻不到书籍散发出的墨香，就像失去了什么似的，魂都丢了。

还好，那时家里的书特别多，即便有不认识的字，也不妨碍她看书。父亲担心她这样看书哪天就会戴上厚厚的眼镜，却无奈女儿对看书的执着。三毛从小就与一般的女孩子不一样，凡是女孩子做的事情，都与她绝了缘。她不玩小女孩子的游戏，却喜欢独自一人去坟场，看坟场上绿色的植物。实在没什么可玩的时候，就混着泥土和水，一个人蹲在一座又一座的坟堆里玩泥巴，专心致志地玩，全然没有小女孩的恐惧和不安，这样的爱好一直延续到她中学时期。

　　在人们眼里，三毛是一个奇怪的孩子。她冷淡、不合群、执拗，甚至叛逆，十分敏感。正因为这样，三毛有着很强的观察力。

　　由于不足月就出生，三毛从小就体弱多病，成为父母心头上的隐忧，总怕她会一不小心感染风寒。更让父母担心的是，这个孩子没有女孩子的娴静，老是时不时地弄出点动静来。

　　三毛一家后来搬到重庆。那时候重庆有个风俗，就是家家户户都把水缸埋在厨房的地下。那些水缸很大，平时装满了水。所以，家长都三令五申地告诉家里的孩子，不许靠近水缸。

　　三毛自小就性格叛逆，越是不许做的事，她就越好奇，越蠢蠢欲动。终于有一次，等到厨房里没有人时，她悄悄地靠近了水缸。

　　天知道，后来三毛怎么掉水缸里了，反正她是头朝下，直接扎进去了。那时她还不到三岁，竟然知道用手支撑着身体，双脚不停地在水面上拍打。好在大人们吃饭的地方离得不远，听到拍水声，家里人都吓死了，赶紧把她拉出了水缸。三毛被呛得就差翻白眼了，好在救得及时，算是虚惊了一场。

　　从此，三毛的险事，一件接着一件，好像她不弄出点动静，这个世界就会把她遗忘了似的。有一次，她骑单车掉进一个大井。那是一个废弃的井，早已被人们遗忘了。三毛喊破了嗓子也没有人来搭救，最后不得不自己爬了上来，当然过程很艰辛。出来后，看着自己受伤的腿，她竟然笑着调侃说："原来，烂肉里面那层油就是脂肪啊？还真好看。"她就跟发现了新大陆似的兴奋，全然没有遇险的担忧和后怕，却像经历了一件新奇的事，全身上下都写满了好玩与刺激。

　　她是如此与众不同，当然也是她的与众不同造就了她之后的人生之路。就如她所说："姐姐，我活一世比你活十世还多。"应该经历的都经历了，人生无憾，也不过如此吧！

第一次懵懂的感情经历

三毛语录：日子一样地过下去，朝会的时刻，总忍不住轻轻回头，眼光扫一下男生群。表情是漠然的，那淡淡的一掠，总也被另外一双漠然的眼白接住，而国旗就在歌声里冉冉上升了。总固执地相信，那双眼神里的冷淡，是另有信息的。

有些情愫在我们不知道的时候就悄无声息地来了。那时的风是轻扬的，树是高大的，草是绿的，天空会有大朵大朵的云彩，而我们很小，就像一朵刚刚盛开的花。

有些心事，不需说，一说就破；有些眼神，假装不经意；有些邂逅，不仅仅是偶遇，那是埋在记忆里很久很久的心事。

学校的同乐会是新学期开始时最精彩的时刻。那时，三毛十岁吧，还是个梳着羊角辫的黄毛丫头，而大自己三岁的姐姐已然是校园里的风云人物了，模样好、功课好、人缘也好。每一个学期开始时，全校各班级同学会自编自演歌舞、话剧和双簧等节目。而姐姐是同乐会的重量级人物，总是饰演女一号。

当时三毛没姐姐幸运，每次都只能饰演一个小角色，有时甚至只是一棵树，没有一句台词，甚至连个露脸的机会都没有。三毛很郁闷，喜欢演出的她对姐姐充满了羡慕，每当姐姐排练时，都会坐在台下看得津津有味。

在一次排练中，指导老师的一个手指召唤，三毛就成了匪兵乙，和那个叫作匪兵甲的男孩子一起埋伏在黑色的布幔下，拿着一支扫帚柄假装是长枪，等待着机会，一跃而出，共同杀敌。

那时候，女生和男生是分班的，并且是禁止互相说话的。如果哪个男生与女生走得近一点，马上会有八卦的人在上学的路上编些"谁谁爱上谁谁了、女生爱男生了"之类的流言蜚语。所以，老师这样安排一男一女同在一个布幔下待着，在当时的三毛看来有点不可思议。

那是一场牛伯伯打游击的戏，为了增加剧情，三毛临时和另一个男生充当了编外人员。

那段时间，三毛天天和一个男生待在一片黑黑的天地里，一起数着戏里人物牛伯伯的脚步，一、二、三……有紧张、有神秘、有默契，还有天地间和一个男生共同承担的责任。太多说不明道不清的因素，就在那些时光里，三毛发现自己竟然喜欢上了"匪兵甲"。

后来，三毛都记不得"匪兵甲"长什么样子了，只记得他有一个很大的光头，总是在布幔下发着青色的光芒。那是她对他最清楚的记忆，也是在之后的朝会上寻找他的"方向灯"。

同乐会很快就结束了，她和他再也不会待在一起了，生活好像缺少了什么，三毛竟然会无端地伤心起来。

那场戏结束后，有绯闻出来了。总会有很多人，站在三毛的教室门口，个比个地亮着嗓子吆喝着"匪兵乙爱上牛伯伯"。开始的三毛是心虚的，原以为自己的心思被人窥破了，却不想竟然被人歪曲了。也因为这份歪曲，三毛稍稍放下心来。毕竟，那个住在心里的人没有被连累，要不，那就糗大了。

三毛的沉默，让好事者更加得意。他们三五成群，等在三毛放学的必经路上，一边在墙上写着"匪兵乙爱上牛伯伯"，一边喊着"不要脸，女生爱男生……"这样的话来羞辱三毛。

终于，忍无可忍，三毛丢了书包，冲过去就要跟一个男生拼命，场面顿时混乱了起来。三毛忽然看到一个熟悉的面孔以及那张面孔上惊惶痛惜的眼神，她怔住了，原来他一直都在……在那一刻，三毛百感交集，原来他是明白她的心事的。

三毛像个落败的小公主，转身捡起丢在地上的书包，在一阵哄笑声中落荒而逃。

日子一天天地过下去，朝会成了三毛最盼望的时刻。因为那时，她会看到他在人群中，于是回头，假装不经意的一个眼神，脸部是淡漠的表情，却总会遇到他同样随意的一个眼神，同样是面无表情。而他们都心照不宣地知道，那眼神绝非无意，必有深意。

没过多久，三毛就亲眼看到了一场关于自己的"战争"。操场上，"匪兵甲"和"牛伯伯"打起来了。还是两个半高的孩子，可是打起架来不留余地。人高马大的"牛伯伯"占着上风，而"匪兵甲"此时正被"牛伯伯"骑在身下，"牛伯伯"的拳头像雨点一样地砸下来。三毛在远处看得惊心动魄，手指不停地抠着窗台上的木头，差点抠出血来也不自知。

这次打架事件，让三毛更明白"匪兵甲"是在为自己而战，更坚定了自己对他的喜欢。于是，无数个夜晚，三毛都在心里默默祷告，快快长大，长大了可以嫁他为妻，一辈子都不会改变。

之后，日子像水一样淌过。小学毕业时，当一群女同学哭得稀里哗啦时，三毛快步跑回教室整理书本，然后飞一样来到曾遇到他的那个田埂边。那个她一直认为应该出现在这里的人儿，却不见踪影。

三毛每个夜晚还是一样祈祷，只是渐渐地忘记了那些原本记得滚瓜烂熟的祷语，心中忽然一阵悲哀袭来，那么久没有遇到过的人儿，真的已经很遥远了。

小女孩的心事，似乎很多人都经历过。感谢三毛用如此传神的文字，描述了自己的年幼时的情怀。那是人生第一次的感情经历，不到季节的花开，注定没有果子收获。

无疾而终的初恋

三毛语录：我是文化学院第二届的学生。那时在戏剧系有一个男生比我高一班，我入学时就听说他是个才子，才读大学不久，已经出了两本书。由于好奇，特地去借了他的书，一看之后大为震惊和感动——他怎么会写得那么好！

哪个少女不怀春？何况是感情细腻的三毛。

有些感情，没有见到真人时已然出现了。三毛就是先见到那个人出版的书，对于读过书之后的震动以及感动，更是深有感触。读书很多的三毛，如果认为那书写得那么好，此人定然是有不凡之处。

爱君笔下有烟霞。一场由文字而生的爱恋悄悄地开始了。那时，三毛已经是文化学院的学生了。三毛在哲学系，而那个被称为才子的舒凡在戏剧系。这位才子刚入学不久，已经出版了两本书，所以人人都在谈论这位被视为天人的才子。

三毛后来才知道这个人叫梁光明，笔名舒凡，之前当过兵，做过小学老师。三毛读了他的书，仰慕之情就如黄河之水滔滔不绝了。

对于舒凡，三毛最初的感觉就是对才子的膜拜。他走到哪里，三毛就像痴迷的粉丝一样，总是不自觉地跟在他身后。他进书店，三毛跟着；他进饭店，三毛也跟着。那段时间，只要有舒凡的身影，那么不远处就能看到三毛的身影。

如此过了三个多月，舒凡对三毛也有了印象，跟这个女孩真有缘分，连坐公交也会一天遇到几次。舒凡完全不知道，那一次次的遇见根本不是偶遇，而是三毛无数次地跟踪。后来，三毛想，那时的事情完全与舒凡没有关系，只是自己单纯的一种感情——单相思而已。其实，那时的三毛已经开始在刊物上发表作品了，只是不能像舒凡那样出书。

终于有一次，同学们看到三毛收到稿费，都吵着让三毛请客。三毛也高兴，所以就请大家出去喝酒吃肉。在校外的一个小吃店里，当大家都兴高采烈地为三毛庆祝时，舒凡出现了。这一次，三毛确定是真的偶遇了。相请不如偶遇，于是大家都招呼舒凡一起喝酒。那是三毛第一次与舒凡有了面对面的接触。三毛倒了酒，先敬了舒凡一杯，可恨的是舒凡干了杯，就忘记了东道主，转身和别人畅饮去了。

三毛多多少少有些失落，但是一想到，毕竟与他有了第一次接触，也欣慰不少。三毛从来都是懂得把握机会的。虽然明眼人一看舒凡就是在故意躲着三毛，但三毛却坚定地认为，他的躲，有着与自己一样心照不宣的秘密。

那天吃了饭，三毛带着惆怅的心情离开了饭店。那种爱在心头却不能开口的滋味确实是太难受了。三毛宁愿直白地告诉他：我喜欢你！可是，连这样表达的机会都没有呀！一路低着头，一路上的小石子无一幸免地被三毛踢飞，心存愤愤之情，只能拿这些出气了。

此时，所有人都散去，三毛孤独地走在归校的路上，陪伴她的只有此时略带凉意的风。不再抬头，不再左顾右盼，一心踢着石子，想着心事的三毛像一只失落的孤燕，浑身上下都透着凄婉。

当感觉到身后有火辣辣的目光投来时，三毛才抬起头，那敏感的第六感让她很适时地朝着目光投来的方向看去。那个挺拔的，熟悉的身影，此时正笑意盈盈地站在她面前。

三毛的心就像装了十万只兔子一样，咚咚地跳个不停，刚才的失落与愤愤刹那间消失了，取而代之的是少女的羞赧以及如火一样烧着的脸颊。

怎么办？怎么办？思念的人儿就在眼前，机会终于来了，自己敢不敢疯狂一下？那久藏的心事，突然就委屈地叫嚣着，像太空传来的一个声音，不停地对三毛说，抓住机会，抓住机会。

　　此时，天地间忽然只剩下两个人：一个三毛，一个舒凡。真的不能让机会错失，让自己一生遗憾。三毛确定了，即便是失败了，至少今生会少了一份遗憾。三毛默默地走了过去，默默地与舒凡并肩站了好久。终于，三毛看到了舒凡上衣口袋里的钢笔。轻轻地取下他口袋里的钢笔，摊开他紧握着的手，然后飞速地在上面写下了自己家里的电话号码。整个过程，舒凡都一动不动，任三毛自己忙碌着。自始至终，三毛一句话都没说，还了笔，对着舒凡点了下头，然后转身，才意识到眼泪不知道什么时候落了下来。

　　再也无心上课了。那天下午，三毛就待在家里，远远地守着家里唯一的电话。每一次铃声响起时，三毛就一边以最快的速度飞到电话旁，一边对着想要接电话的家人解释说："是我的，是我的。"是的，她迫不及待地等待舒凡的电话，却忘了在那个时间段，舒凡是要上课的。不过，还好，舒凡在那天下午五点半之后真的打来了电话。他下了课，那个电话也一定是想了好久才打来的。电话里他约三毛七点在铁路餐馆见面。

　　三毛连想都没想就答应了。后来三毛回忆说，自己早已忘记了一个少女应该有的矜持，赴了人生第一次约会，那样的急不可待。却不知道这样的主动，注定了自己在之后的恋爱中处于弱势。

人生的第一次恋爱——初恋就这样开始了。

虽然这是一段无疾而终的爱情，可是三毛后来说，那是一段最美好的日子，在将近两年的时光里，舒凡教会了她很多，并帮助三毛开始了《雨季不再来》的创作。

三毛的父亲很欣慰，因为舒凡当时给了三毛所谓的儿女之情，很大程度上激励了三毛开始走向广阔的写作生涯。

可惜，这段生命里最美好的初恋却无疾而终了。不知道是不是性格使然，当时三毛对舒凡有着如火般热烈的感情，而舒凡永远是一副冷淡平静的样子。一个热情像火，一个平静似水，一火一水难相容。不得已，为唤起舒凡对自己的留恋，三毛忽然有个想法，告诉舒凡自己要出国了，只愿他能说一句，或者只是说三个字——留下来。

三毛告诉舒凡，我要出国了。开始时，只是想让舒凡出乎意料，如果他在意自己，那么，求自己留下来是必然的。

可是，舒凡听到后连正常的惊讶都没有。三毛弄不明白，眼前人心里想的是什么？或者他早就想让自己离开了？

出国手续一直在舒凡不明朗的态度下办理着，直到临行前的那天晚上，三毛来找舒凡。是的，这已然是最后的日子，三毛拉着舒凡的手说："我明天就要走了噢！你看呀！明天我就要走了……"然后泣不成声，她多想舒凡能挽留一下自己。

可是没有，尽管此时三毛已看到舒凡的眼里，有莹莹的泪水在打转，可是他就是固执地不说挽留的话。

三毛想抓狂，那短短的简单的几个字，真的那么难以说出口吗？三毛抓住舒凡的手直接问："有没有决心把我留下来？"

舒凡终于开口了，却说："祝你旅途愉快！"

真是天雷阵阵，此时三毛真想掐死他。自己一腔的爱都给予了他，最后他竟然连句挽留的话都没有说。两年来的痴情都付诸东流了，心忽然就像衰竭了一般，甚至连跳动都感觉不到了。

不知何处，飘来了歌声：为什么要为你掉眼泪，难道你不明白是为了爱？要不是有情人跟我要分开，我的眼泪不会掉下来，掉下来……

忽然明白，所有的结局都不重要了，有情人，注定与眼泪有关。

三毛终于因为这段感情最终去了西班牙。因为西班牙早在三毛还是小女孩时就是她梦里百转千回的地方，那里有大师毕加索——三毛小时候最崇拜的大师，最初一度想成为他的女人的三毛，终于可以站在同一片天空下，呼吸大师曾经呼吸的空气了。

三毛走的那天，口袋里只有五美金的现钞，身上是父亲赞助的七百元钱的汇款，除此之外，身无长物，而三毛还是义无反顾地去了。

台湾，她再也不敢留下来了，她担心控制不了自己。只要舒凡在，她就会做出疯狂的事，而他的态度，很明了地告诉了三毛，离开是最正确的选择。

从此，三毛开始了自己的天涯流浪之路。

后来，有首歌唱出了三毛与舒凡的关系：十年之前，我不认识你，你不属于我……十年之后，我们是朋友……再也找不到拥抱的理由……

后来，三毛的《撒哈拉的故事》《雨季不再来》发表后，舒凡都很诚恳地写了书评，像君子之交一样，已然淡淡的。

后来，三毛也曾用歌词去描述那段经历："重逢无意间，相对心如麻。对面问安好，不提回头路。提起当年事，泪眼笑荒唐……我是真的真的爱过你……"说时，依旧泪如雨奔。

毕竟是人生的第一次，事隔多年，已然在心里默认的当年的荒唐之事，再次提起时，依然有泪相伴。因为有了泪水，初恋才会在回忆里变得更加美好。

为你，从此开始流浪

三毛语录：大概一分钟那么久，房外没有动静，我没有动静——我躺着——等。我听见有钥匙插进我那简单的门锁里，我盯住把手看，幽暗的光线中，那个门柄正在慢慢地被人由外面转开。不肯相信自己的眼睛，可是那把柄千真万确地在转动。

初次离家，竟然是远隔万里的异国，三毛还会想起舒凡。思念太浓时她就会写封信给他，这样的信总好过当初一刻不离的纠缠。三毛的离开，更多的是怕了自己会为此而疯狂。

在异乡，三毛一直谨记母亲离行前的嘱咐："从此是在外的人啦，不再是孩子啰！在外待人处世，要有中国人的教养，凡事忍让，吃亏就是便宜。万一跟人有了争执，一定要这么想：退一步，海阔天空。绝对不要跟人怄气，要有宽大的心胸……"

三毛抵达西班牙时，是父亲的朋友接的机，然后她被送进西班牙一个"书院"的女生宿舍。最初，三毛事事都依母亲的话，凡事都做到一个中国人应该有的礼让与教养。宿舍所有的被子都是三毛叠，卫生都是三毛打扫，她甚至会给来不及到餐厅吃饭的同学打饭。

那些最初的礼让，渐渐地被同学看成了理所当然的事。之后，人们习惯性地命令三毛叠被子、做卫生，甚至三毛的衣服也成了公用的，更有甚者，竟然差遣三毛上街为她买避孕药。

渐渐地，三毛感觉疲惫不堪。为什么那些人可以支使自己？为什么凡事非要自己忍让？这是中国人的美德吗？可是分明现在在他人面前，自己是个十足的傻瓜加笨蛋了。

终于有一次，三毛再也忍不下去了。

那群疯子，在一个深夜，已经过了熄灯的时间，可是她们一个个地赖在三毛的床上，手里拿着一瓶酒，传来传去地喝着，然后一个个地借着酒劲，装疯卖傻起来。三毛不喝酒，试着让她们离开自己的床。可是，无论怎么劝，那些人像中了魔般不肯离开。

太过压抑的屋子里，三毛几近呼吸困难，于是开了窗，想让空气流通一下，却不想同学们的狂笑声透过窗子把校长给引来了。当威仪凛然的校长站在门口时，似乎一下子那些人都惊醒了。校长如冰的脸，如锥子般的话让人不寒而栗："是谁起的头？"凡事都得有个带头人，那么制裁带头人是必须的，法不治众，当然校规也一样。

每一个女孩子都低下了头。三毛站着靠着窗，坦然看着这场好戏，却忘了这些人正在她的床上闹……而校长更是气急败坏地把另一件事也算在三毛的头上："三毛，是你！我早就想警告你要安分，看在你是外国学生的分上，从来不说你……我早听说是你在买避孕药——你这个败类！"

三毛一下子惊呆了，完全没想到，自己竟然成了他人口里的败类了。当时，三毛气得浑身发抖，脑子里都是燃烧的火苗。终于，多日里积累的委屈和愤怒像火山一样爆发了。三毛像只发了狂的狮子一样冲出了房间，然后在走廊里找到了一把扫把，接着又冲了回来，对着一群同学，发了疯般地打了过去，像报多年的仇似的。同学们完全没想到，平日里温柔得没一点脾气的三毛今天竟然发了狂，吓得尖叫着到处乱窜。有人试着在三毛身后抱住发了疯的三毛，可是三毛转身就给了那人一个耳光，脚下更是不留情，一脚就踢在了另一个想要扑过来的同学的胸部。

那场面，混乱得鸡飞狗跳，整个楼上的人都被惊动了，所有的人都过来帮忙制服三毛。三毛从来都没想到自己的战斗力那么强大，扫把被人抢走了，就拿起身边的花瓶，朝校长泼了过去。校长没提防，被弄湿了一身，甚至脸上还沾了零落的花叶。之后，凡能拿到手的书，遇人就扔，狠狠地丢过去。那一刻，三毛完全没有了思维，怒气充满了她的身体。终于她被一群人按住了手脚，死死地，她还不忘记破口大骂。是，只要一息尚存，就不能服输。校长的脸都被气白了，下了最后通牒："统统回去睡觉，不许再打！三毛，明天你当众道歉，然后向神父忏悔。"三毛听到校长这样说，又哭叫着发起疯来……所有的人都没有见过三毛这个样子，一直以为三毛是个温顺的东方女子，却没想到她厉害起来这样疯狂。

从此以后，再也不敢有人支使她做事了，人人对三毛客客气气。三毛在宿舍里再也不干多余的活儿，卫生有人打扫，床铺有人帮助整理，甚至还有人为三毛打饭……

三毛知道，这都是那天"大闹天宫"的结果。后来三毛一直疑惑，母亲临行前的千叮咛万嘱咐难道不对吗？难道华夏五千年的文明在异国行不通吗？

后来，三毛才明白，是他们那些异国人，在享受了三毛给予的礼教后，没有回报给三毛应该有的尊重和礼貌。"马善被人骑，人善被人欺"，这是千古不变的真理。

是这群西方人不识相，要想找回自己的尊严就不能太纵容他们，不能让他们看到自己柔弱的一面。恰恰相反，你坚强地维权的一面，是他们最应该看到的。后来，三毛每到一处，必然记得事事把尊严放在第一。当然，尊严一直是与胆量并行的。三毛在西班牙待了一年后，就去了德国，之后又去了美国。

每个人的一生中都会遇上一件或者几件让人惊悚的事，更何况三毛这个只身到处流浪的人呢！

那是1971年的冬天，那时的三毛刚到美国，虽然此时两位堂兄也在美国，可是三毛从来都是一个独立的人，不想平白地与人添麻烦。于是，找到了学校后，她才告诉两位堂兄，自己已经在美国了。之前，三毛屡次表达过要来美国的想法，而堂兄们却一直以美国找不到好工作为理由，劝三毛不要来。所以，三毛到达美国时并没有立即通知他们，而是自己一个人住在伊利诺伊大学一幢楼房里。那房子很旧了，木制的老式房子，就坐落在偏僻的街尾，对面是一处很大的停车场，视野很开阔；右边有一家电影院，但非常冷清；房后很远处倒是有居民区，却很少能看到人。可以说，这是个人烟稀少的地方。

房子加上地下室一共四层。一楼是专供学校里教授聚会的俱乐部。白天，教授们可以在这里用餐或者交流，到了晚上，这里就静悄悄的。二楼有个小型的图书室，三毛当时确定住在这里，就是看上了那个图书室。三毛就住在三楼，三楼一共十四个房间，是每人一间的那种小公寓，一个人住还算宽敞。

因为人少的缘故，公寓并没有专门的管理人员，而楼上住的大多是女生，大家都各忙各的，平日里甚少来往。三毛虽然有点寂寞，但也乐得清静。

那个冬天里的感恩节，刚好是在周末，节日加上周六周日，大家有四天的休息时间。那些离家近的美国同学，因为时间宽裕，纷纷赶回家和家人团聚了。

除了国外同学，和三毛同住的还有两个中国留学生，因为过节，她们也不知道去哪里玩了。只有三毛一个人在屋里待着，她由于不想去别人家里打扰别人，所以推了约会。

那天冷得出奇，到了晚上，窗外开始飘起了雪花，过节的孤单一下子袭来，每逢佳节倍思亲嘛。她突然很想听乡音，可同住的两个中国女孩还没回来，三毛决定等等她们，和她们说声节日快乐也是好的。三毛一直等到深夜两点，还是不见有人回来，她只好把房间的门锁上，准备休息。

可是，三毛躺在床上，却睁着眼睛，翻来覆去地睡不着，窗外的霓虹灯不时闪烁着鲜艳夺目的光，把房间里照得通亮。许是太过明亮了，她一点睡意都没有。不久，三毛就听到楼下那个大门特有的声音响了起来，那扇门因为同学归宿时间不一，从来不上锁的。

那门响了之后，三毛也没太在意，以为是同住的女孩子回来了。可是，那个推开门的人有好长一段时间就在一楼停留着，甚至没有走动。发生了什么事吗？

过了几分钟，三毛才听到了脚步声，很轻，先是上了二楼，在木制的楼梯上小心翼翼地通过。

接着，自己房门上的把手轻轻地转动了一下，门缓缓地开了。三毛这才感觉到恐惧，是有小偷光临了吧！

一个高大的身影出现在门口处，三毛惊得差点叫出声来。天啊，那是个男人。他要做什么？三毛缩在自己的被子里，已然是惊得一身冷汗。那个身影渐渐逼近，并将脸凑到了三毛的脸上。两个人就这样对视了一会儿，三毛忽然开口说话了："老兄，我醒着。"

那人没有想到屋里还有人，更没有想到屋子里的人敢质问他。一时间，他竟然手足无措起来。

三毛慢慢地坐起了身子，想伸手开灯，又止住了念头。是的，不能开灯，任何一个动作都可能使对方疯狂。

总不能一直这样僵着吧！三毛觉得自己应该说些什么："那边有椅子，你可以坐下来休息一下。"她说话的时候尽量保持声音平静，像对待一个来做客的朋友。

可是，他没坐下来，而是观察着三毛以及周边的环境。他看到了三毛伸手能及的电话。顿时，三毛感觉他警惕起来了。

三毛继续说："你放心，我不会打电话，也不会开口乱叫，并且不会反抗。你来，这里如果有你想要的东西，你可以带走。我皮包里还有两百美元，你也可以拿走，但是请你不要伤害我。"三毛说得很真诚、很温和，自己不能过激，否则对方会做出更过激的事。

那人明显地退了一步，朝着房门的方向。三毛不解，接着，那人又退了一步，脸朝着三毛，背朝着门。他要走了吗？

那人快到门口了，三毛突然问："你要走吗？"那人点了下头，是的，他是准备走了。

三毛忽然很好奇，他是如何进来的。于是，她大着胆子问："告诉我，你是如何进入我的房间的，你就可以走了，我保证不报警。"

那人语速很快，像是要飞快地甩下这一切："你的大门开着，钥匙放在第十四号邮件格子里，我拿了，找到了十四号房门——就进来啦！"那是三毛放在邮件箱里的备用钥匙，没想到方便了坏人做坏事。

"好吧，放下我的钥匙，你可以走了。"三毛最后说。然后，三毛听到一声金属落地的声音，以及仓皇的脚步声，从走廊开始，一直到楼梯，然后三楼、二楼，直到越来越弱……

三毛知道那个人终于走了。一场有惊无险的入室抢劫结束了。回头想想，如果不是她大着胆子与对方进行商谈，那么，那人接下来会做什么？不敢想象。

　　三毛在异乡流浪十几年，遇到的事情形形色色。三毛曾对姐姐说，我一世，比你十世都活得多。是的，她的一生是多彩而传奇的。

第二卷
当三毛遇到荷西

我一直在寻找那种感觉，那种在寒冷的日子里，牵起一双温暖的手，踏实地向前走的感觉。

人生若只初相见

三毛语录：爱情，如果不落实到穿衣、吃饭、数钱、睡觉这些实实在在的生活里去，是不容易天长地久的。

人生最让人刻骨铭心的，除了生死就是爱情了。

人世间所有的爱情最终的结局无非两种：一种是喜结连理，另一种是分道扬镳。三毛何其幸运，能与自己相爱的人喜结连理；而三毛又何其可悲，不得不与自己相爱的人分道扬镳。爱情的两种结局，三毛都经历了，前者是幸福的生活，后者是生与死的别离。

荷西·马利安·葛罗这个生于西班牙的男子第一次遇到三毛时，就深深地、不可自拔地爱上了她。就像所有爱情都会有波折一样，三毛与荷西的爱情也历经了坎坷。

遇到荷西前，三毛已经深深地爱上了西班牙这个充满浪漫风情的国度，西班牙浓厚的文化底蕴也深深地吸引着三毛。对于这片土地，三毛一生都是痴迷的。当然，还有那个可爱的西班牙大男孩——荷西。

那时的三毛还是个大三的学生，而小她八岁的荷西还是一个高中生。

那是一个欢乐的圣诞之夜，当戴着一顶法国帽子的荷西拿着圣诞礼物出现在三毛面前时，三毛是喜欢的。当时的荷西英俊潇洒，三毛第一眼看到他时，触电了一般，心里还在想，世界上怎么会有这么英俊的男孩子？但因为隔着八岁的年龄差，三毛根本就没考虑过接下来会和这个男孩子有什么爱情或者婚姻。她只是把他当作弟弟，就像他每次来找她时站在书院的树下，一群同学大叫着说："Echo，你表弟来了。"

她每次都会问他："你怎么来了？你的课不是还没有上完吗？"

他用劲地捏着常戴的那顶法国帽子，恨不得要捏出水来，样子拘谨得难受，可还是实话实说："最后两节不想上了。"然后，拿出兜里的十四块西币。那一定是他攒了许久的零花钱，只有十四元，刚好能买到一场电影的两张入场券。所以，除了电影票外，再无钱买爆米花、可乐，甚至连去电影院的公交车钱都没有了。

三毛不计较这些，还建议找一家最近的电影院，这样就省下了车钱。

没有钱的日子里，他们连电影都没得看，只能散散步，有时候还可能去捡些垃圾，然后苦中作乐地说："看这只铁钉多可爱呀！"

荷西每次都是逃课出来的，一次，两次⋯⋯

三毛自己也不知道，与荷西在一起的这些日子能不能算是恋爱。虽然他们连一句情话都没有说过，可是，那感觉分明很甜蜜。

三毛还是慎重的。她怕这份不受约束的感情某天会越来越深，所以，当三毛越来越清晰地感觉到眼前的男孩子对自己的真情时，三毛反过来问自己，他太小了，连大学还没有念，这份沉甸甸的真情，自己承受得起吗？爱情不是表白一下就可以了，如果不落实到穿衣、吃饭、数钱、睡觉这些实实在在的生活里去，是不容易天长地久的。

三毛怎么能接受荷西这个比自己小八岁的男孩子似浮萍一样的爱呢？

还是一个冬日，天气出奇的冷。

地下车库的出口处，三毛和荷西坐在冰冷的长凳上，天冷得手都伸不出去，时不时冒出的汽车尾气，给他们带来一丝暖意。

"再等我六年，让我四年念大学，两年服兵役，六年以后，我们就可以结婚了。我一生的希望就是有一个很小的公寓，里面有一个像你这样的太太，然后我去赚钱养活你，这是我一生最幸福的梦想。"荷西看着三毛的眼睛说，虽然这时候他们俩在街头冻得瑟瑟发抖。

三毛当然不敢把这话当真，六年，两千多个日子，会发生多少事情？他还是一个比她小八岁的孩子，他的话就像飘在天空的云，风一吹，就会散得无影无踪。

三毛当即拒绝了荷西："荷西，你才十八岁，我比你大很多，希望你不要再做这个梦了。从今天起，不要再来找我。如果你又站在那棵树下的话，我也不会再出来了，因为六年的时间实在太长了，我不知道我会去哪里，我也不会等你六年。你要听我的话，不可以来缠我。你来缠的话，我是会怕的。"

荷西明显愣了一下，问："这阵子来，我是不是做错了什么？"

"你没有做错什么，我跟你讲这些话，是因为你实在太好了，我不愿意再跟你交往下去。"

最后，他们在公园的一个小坡上分了手。三毛对荷西说："我站在这里看你走，这是最后一次看你，你永远不要再回来了。"

荷西也跟三毛说："我站在这里看你走好了。"此时，天色微暗，已入黄昏，荷西年龄虽小，却有着大男人一样的风度。

三毛坚持着，她只是想看着他先离开。只是她没想到，后来，就像当时的场景一样，她还是看着他先离开了。

荷西是跑着离开的，只是他一边跑一边回头。三毛依稀能看到他脸上的笑容，以及听到他口里一声接着一声："Echo，再见！Echo，再见！"

马德里很少下雪，可是那天，在荷西即将离开时，天空开始飘起密密麻麻的雪花。三毛看着渐行渐远的荷西，忽然很想大叫："荷西！你回来吧！"可是，她喊不出口，只能任由荷西消失在自己的视野外。

以后的日子，每当有雪花飘起时，三毛就会想起当时的荷西，一边跑一边喊着："Echo，再见！Echo，再见！"似幻似真。

后来，在马德里的日子里，三毛依然谈着不痛不痒的恋爱。身边的男朋友来了又去，只是她依然不考虑荷西，因为他年龄太小了，连大学都还没有念。

荷西不再主动找三毛，偶然遇到时，也只是轻轻地礼貌性地拥抱一下，然后亲亲她的脸颊，就像久违的朋友一样。

三毛离开西班牙回到台湾时，曾收到过荷西的来信，信上写着："过了这么多年，也许你已经忘记了西班牙文。可是，我要告诉你一个秘密，在我十八岁那个下雪的晚上，你告诉我，你不再见我了，你知道那个少年伏枕流了一夜的泪，想要自杀吗？这么多年来，你还记得我吗？我和你约的期限是六年。"

　　三毛收到信后，只是对传信者淡淡地说："你告诉他我收到了这封信，请代我谢谢他。"那时的三毛是决然的，决然到连信都没有回。

　　所有人都认为，这已经是结局了。

在雨湿的光阴里 与你重逢

三毛语录：我认为年龄、经济、国籍，甚至于学识都不是择偶的条件。固然对一般人来说这些条件当然都是重要的，但是我认为最重要的，还是彼此的品格和心灵，这才是我们所要讲求的所谓"门当户对"的东西。

冥冥之中，似乎老天都在数着日子。离荷西说的六年还有一个多月。还在台湾的三毛却经历了一次人生的悲伤之旅。

三毛一直没把荷西的话放在心里。在她心中，荷西是个还没成熟的小孩子，可以做弟弟，却与爱情不沾边。所以，回到台湾后，三毛恋爱了。

那是一个比三毛大十四岁的德国男子，有着德国人天生的儒雅又浪漫的气质，加上博学多才，以及不凡的阅历与见识，一下就征服了三毛。

三毛马上融入了热恋之中，这么真实，自己一直心心念念的爱情，真的来了，如何不叫她为之发狂。

有些事情是注定要发生的，却又是那样得让人猝不及防。三毛准备和所爱的人牵手于婚姻的殿堂。那些日子，三毛忙碌而充实，马不停蹄地迎接着自己新生活的开始。可是，就在婚礼的前一天晚上，那个德国男子却突发心脏病去世了。

痛失所爱。在生与死这样的大事前，所有人都无能为力，三毛也不例外。似乎想要表达伤痛的方式，在三毛的字典里只有两个字——自杀。爱情没了，活着已经失去了意义。三毛吞下了足可以结束自己年轻生命的大量安眠药，原本想着可以跟相爱的人一起去了。可是，家里人发现了她的异常，抢救及时，三毛自杀失败。

台湾那曾经美好的故乡，一夜之间成了伤心之地。悲伤之余的三毛决定再次离开台湾，离开让自己肝肠寸断之地，重新回到了自己久违的第二个故乡——西班牙。

再次见到荷西时，三毛差点没有认出来。那一脸沧桑的大胡子，忧郁的眼神，这个男子有着让三毛似曾相识的脸。如果不是在上次那封信里见过留着大胡子的荷西照片，恐怕即使面对面遇到也会错过吧！

荷西是特意留的大胡子，他要让她看到自己的成熟，而不像多年前，他只是她眼里的小弟弟。那天，三毛穿着曳地长裙，荷西兴奋地抱起三毛转圈，表达自己幸福喜悦的心情。

之后，荷西带三毛去了他的家。看着满屋子自己的照片，三毛瞬间石化了。那些被放大的照片有短发的、有长发的，有大笑的、有发呆的，整整贴了一屋子。百叶窗透着点点阳光，让那些照片有了陈年的黄色，可见那些照片贴了许久了。

石化了的三毛问："我从来没有寄照片给你，这些照片是哪里来的？"

"在徐伯伯的家里。你常常寄照片来，他们看过了就把它摆在纸盒里，我去他们家玩的时候，就把他们的照片偷过来，拿到相馆去做底片放大，然后再把原来的照片偷偷地放回盒子里。"

三毛看着眼前的人，隔着六年的光阴，虽然那些大胡子让他看上去成熟老练，可是他的笑容里仍然有着当年的纯真和深情，一切都没有变。

三毛感动了。

任何一个人在遇到如此真情时，都是无法抗拒的。三毛想起六年前，荷西对自己说的梦想，她此时迫切地想要做那个被他养活的太太，住在他的小房子里。

只是前情旧事一下子涌了上来，三毛哭着说："你那时为什么不要我？如果那时候你坚持要我的话，我还是一个好好的人，今天回来，心已经碎了。"

荷西郑重地说："碎的心，可以用胶水把它粘起来。"三毛说："粘过后，还是有缝的。"荷西就郑重地把三毛的手拉向他的胸口说："这边还有一颗，是黄金做的，把你那颗拿过来，我们交换一下吧！"

一段推迟了六年的恋情，终于拉开了帷幕。

后来，三毛说："我认为年龄、经济、国籍，甚至于学识都不是择偶的条件，固然对一般人来说这些条件当然都是重要的，但是我认为最重要的，还是彼此的品格和心灵，这才是我们所要讲求的所谓'门当户对'的东西。"

那一年的最后一天，三毛和荷西坐在海滩上，一直从黄昏坐到子夜，那一朵朵绽放的烟花瞬间照亮了漆黑的海面。两个人相拥着看夜空升腾着的绚丽，等待着那激动人心的一刻。

当新年的钟声敲响时，荷西兴奋地抱着三毛说："快许心愿，要十二个哦。"十二下钟声可以许下十二个心愿。

烟花在三毛的微闭的双目下闪闪烁烁，三毛在心里默默地一遍遍地重复："但愿人长久，但愿人长久，但愿人长久……"十二次，十二个心愿，如果可以，她会把这辈子的所有的心愿都许下——但愿人长久。

撒哈拉之恋

三毛语录：不记得在哪一年以前，我无意间翻到了一本美国的《国家地理》杂志，那期书里，正好在介绍撒哈拉沙漠。我只看了一遍，我不能解释的，属于前世回忆似的乡愁，就莫名其妙、毫无保留地交给了那一片陌生的大地。

那本《国家地理》杂志只是契机，迅速地拉近了三毛与撒哈拉的距离。

大家听说三毛要去撒哈拉那个苦寒之地时，都大吃一惊。只有父亲给了三毛鼓励，还有一个更伟大的也是三毛生命里最重要的人，默默地一句话没说，收拾好行李，先行离开了。

离开是为了相聚。这个重要的人就是三毛后来的丈夫——荷西。离开是为了充当先锋，他要先到那个三毛迷恋的苦寒之地深深地扎下根来，然后让心爱的女人有处栖息，不必流离失所。

三毛感激涕零，就是荷西如此无私的奉献精神，让三毛觉得这一生都可以和他在一起，一起生活，一起流浪。

三个月后，三毛飞到撒哈拉时，差一点都没认出荷西来，那天荷西穿着卡其布土色如军装式的衬衫，很长的牛仔裤，风将他的脸吹得焦红，嘴唇是干裂的，眼光却好似有受了创伤的隐痛。短短的三个月就让荷西有了如此剧烈的转变，三毛的心像被皮鞭狠狠地抽痛了一样。

马上要面对的生活已然成了一个重大考验的事实，三毛此时意识到现实不再是理想中甚而含着浪漫情调的幼稚想法了。从机场出来，三毛的心跳很快，是呀，梦寐以求的"情人"，如今站在它的面前，半生的乡愁，一旦回归到这片土地，怎能不让她感慨万千？

离开机场，三毛就望见那一片雄壮的、沉厚的、安静的大漠。此时正夕阳西下，沙漠被渲染得如血一样的红。正逢初冬，烈日的高温渐渐退却，把大地转化为一片诗意的苍凉。

三毛在这个世界里一直觉得自己不是芸芸众生的一分子，她常常要跑出一般人生活着的轨道，做出自己也解释不出原因的事来。

之后，从机场出来，三毛和荷西步行了四十分钟，才看到炊烟和人家。

不远处是几十个千疮百孔的大帐篷，还有一些铁皮做的小屋，沙地里有少数几只单峰骆驼和成群的山羊。

风里带过来小女孩们游戏时发出的笑声，这是三毛第一次看见总是爱穿深蓝色布料的民族，对她而言似乎是走进了另外一个世界的幻境里一般。原来，如此荒僻贫穷的地方，依然有一些人在这里欣欣向荣地生长着，你以为的苦难在他们的眼里是如此的正常和自然。

连在一排房子最后一幢很小的、有长圆形拱门的那个房子，就是三毛与荷西之后一直生活的家。荷西开门时，三毛将沉重的背包脱下来，眼前是一条暗淡而短短的走廊。荷西从背后将她拎起来，温柔的话随之而来："我们的第一个家，我抱你进去，从今以后，你是我的太太了。"这不是庄严的求婚仪式，但此时此地，作为"异乡人"的三毛，却感觉荷西的话让她感觉到幸福和舒适。

这幸福和舒适感还没持续一分钟，短短的走廊刚过，三毛抬头就看到房子顶部的一块四方形的大洞，洞外是鸽灰色的天空。天，这是家吗？这是房子吗？不能遮风挡雨，甚至连强烈的阳光都不能挡一下，三毛的心"唰"的一下凉了。

再看别处，屋子委实太小，几步就走到尽头了，地是水泥地，糊得高低不平，墙是空心砖原来的深灰色，上面没有再涂石灰，砖地接缝地方的干水泥就赤裸裸地挂在那儿。倒是厨房，卫生间样样都有，但还是一样的小，抽水马桶没有水箱，没有洗面池，却有一个大大的浴缸，三毛第一感觉就是，"它完全是达达派的艺术产品——不实际去用它，它就是雕塑。"

有风吹来，墙是破的，头顶有东西在左右摆动，原来是一只灯泡在不停地摇，电线上是密密麻麻的黑色苍蝇。墙的左上方有个缺口，风不断地灌进来。打开水龙头，流出来几滴浓浓绿绿的液体——竟然没有一滴水。

这个家，用千疮百孔来形容，一点都不为过。

这就是自己千盼万盼要来的地方，心里的失望是有，可是那么久一直坚持的理想，那么久一直希冀的地方，怎么能说出半点不好呢？身边的爱人荷西，正温和地笑着。爱，不是叶公好龙，爱是依旧狂热的梦。

许是怕三毛失望，荷西告诉三毛一个好消息。

荷西温柔地问："亲爱的，这个家怎么样？"这个坏荷西，给三毛一个千疮百孔的家，他是要把她吓回去吗？

三毛心里是一百个"不好、不好"，却不敢说出半个"不"字来。三毛怕荷西会以为自己对于撒哈拉只是叶公好龙，又怕荷西觉得这一切阻止了三毛曾经狂热的梦。

三毛都能感觉到自己近似做作的声音："很好，我喜欢，真的，我们慢慢来布置。"

不过好在，还有一件值得惊喜的事，那就是荷西在天台上养了一只母羊，以后可以有鲜奶喝。

有羊，这多少让三毛兴奋，毕竟亲身挤新鲜的奶也是件吸引人的事。那只羊确实在天台上，可惜的是它一直倔强着，永远不让三毛靠近自己，更别说什么让她挤奶喝了。

接下来，让三毛更加崩溃的是水的问题。水龙头在，可是打开流出的不是水，而是一滴滴不知是什么成分的绿色液体。没有水，如何生活，如何生存？梦想永远比现实美好，三毛没想到真正面对自己的最爱时，竟然是现在这个情景。那大漠凄美的落日与流沙之下，面对的就是破墙残瓦的现实。

沙漠里不是没有水，只是比别的地方的水更金贵而已。所以，在这里如果想要水就得去政府申请，一桶水得九十元，而且只是很小的汽油桶。

竟然是这个样子，平时并不起眼的水，在这里却如此昂贵！想到这里，三毛默然不语了，耷拉着脑袋坐在自己的行李箱上。一切都和想象的不同。那么，曾经的梦就这样戛然而止吗？不，不，三毛从来都不是容易屈服的。她骨子里的坚强，一直都在。

撒哈拉大沙漠，对三毛来说可以满足好多的好奇心，比如这里的人如何在极度缺水的状态下解决洗澡的问题，比如生活在这里的人们为什么不愿意看医生，还有他们奇异的婚丧嫁娶仪式，更多的是这里壮观的沙漠景观……

留下来，她将成为中国第一个踏上并生活在这片撒哈拉沙漠的女孩子。可也确实有些后悔，这里的文化差异与恶劣的生活环境，让三毛苦闷了一阵。好在，有荷西在，还有即将开始的美好幸福的婚姻生活。

"现在我们马上去镇上去买个冰箱，买些菜。民生问题要快快解决。"这个所谓的家，只是一个破壳子。一切都得重新开始。荷西错愕地看着三毛。这个外表柔弱的女人，骨子里比他想象中坚强多了。

第一次到镇上，荷西成了向导，哪儿是市政府，哪儿是邮局，哪儿是法院，荷西一一地指给三毛看，全然把她当成一个游客。其实，在荷西的心里一直都固执地以为，三毛就是来旅游的，现在所有的坚强在不久之后，在领略过大漠的长河落日后，她一定会浪漫潇洒地离开。

荷西说："我想——我想，你不可能习惯长住沙漠的，你旅行结束，我就辞工，一起走吧！"荷西错了。他不了解三毛，她柔弱的外表下是一颗坚强不屈的心。平实而苦闷的生活开始了。

荷西要上班，三毛一个人待在干燥的家里。此时的她，好奇的心早已淡了，更多的是关心生活的现状。荷西不高的工资加上日渐上涨的生活费用，让三毛很是苦闷。

　　苦闷的三毛开始有了所思，人生，应该是什么样子？在大都市里追求繁华与物质是一种人生，而生活在这里的人们，他们不知道名利是什么，一辈子也许就为有水喝有肉吃而高兴而欢呼。即便是如此恶劣的生存环境，他们也不抱怨、不愤恨，他们就像沙漠里的一棵树、一粒种子，有阳光就能发芽。他们就会尽情地展现自己最真诚、最美丽的一面给所有人看。

　　深深地感悟，之后是深深地融入，三毛和附近的邻居打成一片，他们手抓饭吃，三毛也一样，再也不会把想想都可怕的骆驼肉远远地扔出去了。

　　入乡随俗后，三毛也像这里的所有人一样，对这片大沙漠有了无比的热爱之情。在这里，三毛学到了人生最宝贵的财富之一——淡泊。

　　当然，三毛重新提起手里的笔，将这里的所见所闻，细细地记了下来。扔了那么久的写作，终于在亲身的生活阅历之下，变得弥久而耐人寻味，因为它是那么的真实和丰富。在这里，三毛创作了她的《中国饭店》《芳邻》《悬壶济世》等脍炙人口的作品。

　　撒哈拉，这里是见证三毛与荷西爱情的地方，当然也是三毛永久的爱恋之地。如果不是因为那一场战争，也许三毛会永久地生活在这里，生活在这片她热爱已久的地方。

第三卷

执子之手，与子偕老

爱情，如果不落实到穿衣、吃饭、数钱、睡觉这些实实在在的生活里去，是不容易天长地久的。

亲爱的，明天
我要嫁给你了

三毛语录：公证结婚，啊，在这里——这个啊，要出生证明、单身证明、居留证明、法院公告证明……这位小姐的文件要由台湾出，再由中国驻葡公使馆翻译证明，证明完了再转西班牙驻葡领事馆公证，再经西班牙外交部，再转来此地审核，审核完毕我们就公告十五天，然后再送马德里你们过去户籍所在地法院公告……

"执子之手，与子偕老"，这是恋爱中的男女最美好的愿望。

能够牵着三毛的手，荷西已经等了好久了。好不容易读完了大学，服完了兵役，等待着三毛嫁给自己，而三毛的心里一直放不下的却是另一个"情人"——撒哈拉沙漠。

　　有些沮丧的荷西很聪明地想到了曲线救国，因为他懂得三毛，她是一个想到就会努力去做到的人，阻止对她来说是个愚蠢的决定。所以，无论三毛如何地疯狂，对他来说都是理所当然。荷西的理解还表现在了具体的行动上，三毛一说要去撒哈拉，他就二话没说，收拾行李就先跑过去了。他要在三毛到来之前把这里的一切搞定，租上房子，给三毛一个落脚的地方，再找个工作，养活每天只会到处乱跑不做正事的三毛。

　　当荷西抱着三毛进入那个四处漏风的家时，他对她说："我抱你进去，从今以后你是我的太太了。"

　　三毛看着空无一物、四处漏光的"家"，心里是百感交集。虽然一切和想象中的有些差距，可这是自己的选择。有荷西无怨无悔的支持，她已经很知足了。况且沙漠生活原本就是这样的落后、贫穷、艰苦，如果这些就能阻止她对沙漠那么强烈的喜爱的话，她也不会千里迢迢而来。

　　所以，三毛此时在心里无数次地告诉自己，从此让这个家旧貌换新颜，成为自己和荷西结婚后的第一个家。

　　1974年7月9日，这是荷西与三毛最难忘的日子，这一天，他们终于结婚了。

　　荷西等这个日子等了好久，从第一次遇到三毛到今天，足足有六年零七个月。

此时的荷西已从青涩的男孩成长为一个足以为三毛挡风遮雨的男人。在撒哈拉——三毛最钟爱的地方，她要与此生最爱的男子喜结连理。

好事都是多磨的。

结婚手续没有想象中那么容易办理，三毛又想结婚后有两个国籍，所以在撒哈拉的法院，那些工作人员告诉三毛，结婚时要准备出生证明，并证明自己是单身，以及居留证明、法院公告证明等等。等到这些都齐全后，法院还要公告，公告通过了才能允许结婚。

结婚竟然比选举还要烦琐，荷西一听这些就急了，把这些证件准备齐全，再加上公告的时间，得等多久呀！

荷西不得不对工作人员说："请您帮忙，不能快些吗？我想越快结婚越好，我们不能等……"

荷西的话引起了工作人员的误会，人家飞快地瞄了三毛的腰部一眼，三毛看到对方的眼光就想，荷西的话让人家以为自己怀上宝宝了。

三毛于是赶紧声明，不是自己的原因，是荷西不能等。这句话让荷西纠结了好久，他出门就问三毛："什么我有问题？你讲什么呢，难道我怀孕了？"三毛被荷西逗得哈哈大笑。她乐开了花，荷西却气得大叫。可是，再生气也没有办法，只能等了。

三毛马上行动起来，背上自己的背包和相机，去参观一下那些游牧民族的帐篷，看了许多不同而多彩的奇异风俗，写下了笔记，整理了幻灯片，有时间也学习了阿拉伯文，日子过得有收获而愉快。

荷西呢，努力工作赚钱，闲下来的时候就过来打打家具。荷西住在离三毛一百多公里的公司公寓里，除了加班，荷西每天都会开着车飞奔一百多公里来看三毛。

布置婚房

三毛语录："我常常分析自己。人，生下来被分到的阶级是很难再摆脱的。我的家，对撒哈拉威人来说，没有一样东西是必要的，而我，却脱不开这个枷锁，要使四周的环境复杂得跟从前一样。慢慢地，我又步回过去的我了，也就是说，我又在风花雪月起来。荷西上班去了，我就到家对面的垃圾场去拾破烂。"

去公证处咨询结婚事宜时，三毛才知道手续之烦琐、时间之长。好在，也有充足的时间可以好好装修一下自己的家。

首先，冰箱是必需的，沙漠的高温，如果没有冰箱，怎么度过难耐的酷暑？还有床，总不能天天睡在地上吧！来撒哈拉沙漠的第一个晚上，她和衣睡在睡袋里，而荷西只是裹了个薄薄的毯子。沙漠的夜是寒冷的，三毛和荷西就这样冻了一夜。所以在周六，荷西和三毛去镇上申请结婚时，三毛就买了一个价格贵得没有道理的床垫，而床架就实在买不起了。还有买了吃饭的锅，以及吃饭时的叉子、盘子，当然还有晒衣服的架子，又买了水桶、扫把、油米糖醋……东西贵得令三毛灰心。

三毛来沙漠前父亲曾给了一笔钱，三毛一直放在抱枕里，后来荷西知道后让三毛存进了中央银行里，每月就花自己微薄的工资，过艰苦朴素的生活。

他没想到，三毛根本就不怕艰苦，她就是为了磨难而生的。一桶十升的水，让她总是走四五步就得停下来。在灼人的烈日下，三毛走走停停，汗如雨下，脊椎痛得发抖，面红耳赤，腿脚发软。一起打水的人就会嘲笑她："你那么没有用？这一生难道没有提过水吗？"

还有令人讨厌的煤气罐，光是拖着空罐到达镇上就是件恐怖的事情了，三毛根本没有力气去镇上换。所以，更多的时候，三毛宁愿借邻居家的铁皮炭炉子，蹲在门外不停地扇火，总是被烟熏得泪流满面。

家里没有书报，没有电视，没有收音机，吃饭就坐在地上，睡觉换一个房间再躺在地上的床垫上。墙在中午是会烫到人的，在夜间是冰凉的。电，运气好时会来，大多的时间是没有电的。黄昏，三毛就呆呆地望着墙上的大洞，看那些灰沙静悄悄得像粉一样地洒落下来；晚上，三毛点着白蜡烛，看着它的眼泪最后流淌到什么样子……那灰黑色的冷墙更让三毛觉得阴寒，有时候荷西夜间要赶交通车回到工地，荷西将门卡一并带上时，三毛的眼泪就落了下来。

但是，三毛却并不气馁，她并没有讨厌这里，甚至依然觉得撒哈拉沙漠是那么的美丽，只是要付出无比的毅力来使自己适应下去，现在自己要习惯在这个过程里受到一些小小的挫折。是呀，人生多几种生活体验是多么可贵的事情。

沙漠的物价高得离奇，三毛拿着荷西事先写好的单子去镇上的材料店问价格，价格要两万多，而且竟然还是缺货状态。原本预计做家具的钱不够买几块板材。

很是沮丧的三毛在回去的路上竟然捡到了宝贝，那一大堆装过货物的木箱，就那样随随便便地堆在路边，三毛顿时两眼放光了。三毛很快找到木箱的主人，她太想得到那些木料了，所以平生第一次求人，为了那几块没人要的，却是自己需要的木料。木箱的主人爽快地答应了三毛，那些三毛看上的东西，可以免费送给她。

有了木料，三毛又买了钉、砂布、锯子，还有皮尺这些做家具的必需品。然后，叫了两辆驴车把自己的战利品拉回了家。

荷西工作的磷矿离三毛居住的地方差不多有一百公里的距离，下了班的荷西第一时间就会赶到三毛的住所。木料搬不进屋子里，只得放在门外。三毛担心被邻居抢了去，一下午都心不在焉，一边每隔五分钟就开门去看看那些木料还在不在，一边祈求荷西赶紧回来。三毛脖子都等长了，荷西才在黄昏时分回来了。他看着那些把窗子也挡住了的大木箱，惊得瞪大了眼睛，赶紧上去东摸摸西看看。这些东西在沙漠里太少见了，不知道三毛从哪里弄来的。问了才知道，原来是三毛讨来的。

荷西竟然也没怀疑，因为早已没有怀疑的时间了。三毛此时趁天还没黑，赶紧做个滑车，把它们吊上去。等着荷西把那些木料拿到阳台上去，晚上就不用担心它们会丢掉了。

想要一个自己的家，确实是要付出心血的。三毛更是一个对生活有着美好期望的女人，她的家不一定富丽堂皇，却一定要温馨感人。在这样的荒凉地方，只能自己动手，打造具有自己风格的空间了。

简单地吃了白水煮蛋后，荷西和三毛就开始动手了，先把那些木箱子上的铁条拆除，然后再把木料一条条地拆下来。说起来简单的事，做起来却很艰难。每次拆下一块木料，荷西都要付出很大的气力，他的手也被钉子给弄出血来了。

荷西有些泄气了，不如就跟当地人一样，一辈子坐在席子上，多简单呀，也不必再费劲做什么家具了。三毛不同意，家必须是自己想要的样子，何况自己又不是本地人，就算入乡随俗，也无法改变一些长期形成的生活习惯。

第二天一早，荷西就"逃工"了。不是不负责任，而是他必须去上班。三毛买了那么多的日用品，荷西的薪水早已花费殆尽，所以他得拼命加班，好使将来的日子安稳一点。

第三天，荷西依然加班。而三毛只是在早上出去了一下，那些堆了两人高的厚木条就变成了一人半高了，原来被其他的邻居取走压羊栏了。

三毛想，自己不能每时每刻都待在天台上看着那些不能动的东西，想来想去，三毛只好自己动手，用捡来的空罐头瓶挂木料上，只要有人动木头，那铝制的罐头就会发出声音，三毛就可以理直气壮地抓他们一个现行。

可惜那些罐头瓶太轻了，风一吹，它也叮咚叮咚地响。三毛还以为有小偷下手了，过去一看，却是空无一人，只有风呼呼地刮过，就这样被风骗了十几次。

终于熬到了星期五，荷西可以住到星期天晚上再走，那么家具的事就可以提上日程了。三毛是多么希望那些木头做成床或者别的家具，可以顺利地搬到屋子里，不用再日夜担心被偷走了。

那天，吃完了只能用水煮的饭菜，荷西就开始画图了，一件件的家具，一张张地指给三毛看。三毛看了看样式，直接去除了最繁杂的，只挑了最简单的。在这样恶劣的环境下，凡事能简就简吧！是啊，之前的三毛做饭做菜都分开两次做，现在却只将生米和菜肉混到一起煮，直接变成了菜饭。

第三天，天微亮，气温低得让人受不了。三毛和荷西都穿着厚厚的毛衣开工了。量好尺寸，然后再一块块地将木头锯到规定的尺寸，时间一小时一小时地过去，太阳爬上了头顶，三毛将湿毛巾盖在荷西的头上，荷西现在已经开始打着赤膊干活了。他的手被磨出了水泡。三毛一阵心疼，这个男人，是上天派来陪自己吃苦的吗？不过，三毛心里也为有荷西这样的男人而骄傲。

太阳已然很毒辣了，三毛不时取些冰水给荷西。不能再继续了，虽然三毛很想快点拥有自己的家具，可是荷西太令人心痛了，还是让他休息一下吧。荷西睡了一觉，这一觉他睡到了太阳西下。

三毛一直呆呆地望着他。这个熟睡的男人，即将属于自己的男人，之前只是看到他写情书、玩游戏的一面，今天，又重新认识了一个能吃苦耐劳的新荷西。有他，此生再无憾事。还未牵手，已然入了心头。

趁着荷西睡觉的时候，三毛做了自己能做的琐事，以减少荷西的工作量。晚上十一点时，三毛和荷西有了自己新家的第一件家具——一张桌子。

　　第二天，三毛才知道为什么木箱子的主人会那么爽快地答应把它们送给自己。

　　那天吃饭时荷西突然抬起头说："你知道我们这些木箱原来是装什么东西来的吗？那天马丁那个卡车司机告诉了我。"

　　"那么大，也许是包大冰柜的？"三毛如是想。

　　荷西笑了："是——棺——材。五金建材是从西班牙买了十五口棺材来。"

　　三毛这时候才明白，当时五金店的老板还问了家里有几人，原来是因为这个原因呀。

　　要结婚了，家具竟然是运送棺材的木箱做的，似乎有些不吉利，对于普通人，应该非常忌讳，而三毛大大咧咧的性格根本不把这件事放在心上，却反而认为是一件离奇经历。

　　新房终于在正式结婚前布置好了。不仅有了桌子，还有了三毛一直钟情的书架，卧室里有衣柜，厨房里有茶几，再加上自己亲手做的麻布窗帘，已然很有家的味道了。虽然墙还没粉刷，可是公司给了荷西许多结婚的补助，还有半个月的假期，加上好友自愿替荷西班，算下来有一个月完全是自己的时间。三毛这才觉得，结婚还是有好处的。

　　蜜月里，三毛和荷西请了向导，租了辆吉普车，一路向西，经过"马克贝斯"进入"阿尔及利亚"，再转回西属撒哈拉，由"斯马拉"斜进"毛里塔尼亚"直到塞内加尔边界，再由另外一条路上升到西属沙漠下方的"维亚西纳略"，这才回到阿雍来。这一次蜜月旅行让两人双双坠入撒哈拉的情网，再也离不开这片没有花朵的荒原了。

回到家，假期只剩下一周的时间了。三毛与荷西开始了疯狂布置陋室的行动。他们先从粉刷墙壁开始，快乐就是那些调稀了的石灰忽然落在三毛的鼻子或者头上，荷西也是左一块右一块的白色灰粉，甚至一桶满满的石灰粉因为不小心一下子就从头顶飞了下来，很惊险地滑过自己的头顶。三毛忍不住哈哈大笑。

等房子粉刷好了之后，荷西也有了第一笔婚后的工资进账。三毛就买了两块厚厚的海绵垫子，把那些剩下的木板放在地上，上面铺上海绵垫子，另一块海绵垫子高高立起，然后细细地缝上与窗帘一色的布套，很欧式的一条长沙发就诞生了。

三毛又用母亲寄来的中国棉纸做成灯罩，那个呆板且光秃秃的灯泡立刻就有诗意的效果。把林怀民书写的那"云门舞集"四个大字挂在房子最显眼的地方，再悄悄搬回几个废弃的汽车轮胎，拾掇干净后，把红红的布坐垫轻轻地放在轮子里，如鸟巢，又有坐凳的功用，谁来都喜欢在上面坐一坐。

还是少了一丝生机。别低估三毛的能力，她找了个水瓶，不必有美丽娇嫩的花儿，只需沙漠里一丛繁茂的荆棘，勃勃的生命力就展现出来了。

再回一次马德里，带回重重的书籍，放在那个原本空荡荡的书架上，书香之气荡然而来。闲着看书喝茶，人生惬意之事莫过于此了吧！从此沙漠在三毛眼里是妩媚的。

再是豪放，三毛也毕竟是女子，对于美丽的鲜花也有着狂热的喜欢。可是，大漠别说是花了，就是草儿也很少见到。终于有一天，她想起在总督府里见到的那些花儿，便与荷西在深夜直入总督府，悄悄地却又狠狠地挖了些沙漠里难得一见的花儿。一一地带回家，装在花瓶里，日日勤洒水，家也因为有了这些艳丽的花儿而芳香四溢了。

一切尚不足，三毛对家的爱是永无止境的。遇到好的物事，第一个想到的就是拿回去点缀自己的爱家。

音乐是不能没有的，人生怎么能离得了音乐呢？三毛认为，必须先买个录音机，还有电视机、洗衣机，这些都是家里必备的。然而，在撒哈拉这些都成为奢侈品了。三毛足足攒了几个月的钱，终于省出了"心愿"。当这些都有了之后，三毛最最想要的就是有一匹属于这个家的"白马"——一辆白色的"沙漠之舟"，自己的座驾。当然，那得等有了钱之后才行。

　　三毛一直用最节约的方法改造自己的家，虽然在那些西班牙人眼里，他们居住的坟场区是那么的贫穷。

　　但是，也有人不这样认为，那是三毛无意间结识的一个记者。三毛在沙漠里帮助了他，为了答谢，那个记者登门拜访了一次。

　　天知道，那个人是怎么惊呆住了，在看到三毛布置的家之后。他完全不相信此时自己还在撒哈拉的沙漠里，那一件件看上去高雅的艺术品，如梦如幻的装饰，是他一生见到的最美丽的沙漠之家。

　　他更想不到的是，那些东西中好多都是废物利用，经过了三毛的巧手，一个个都变得生动而美丽起来。原来，只要用心，废物也能变废为宝，成为人们眼里让人惊叹的艺术品。

　　三毛一直都是有心人。用心地生活，用心地流浪。

　　一切变化，最能感受到的就是三毛最亲近的人——荷西。这一次，荷西更佩服三毛了。三毛的才能和匠心出乎他的意料，当然，还有意料之外的惊喜和更深的爱意。

结婚礼物

三毛语录：我放下头骨，将手放在他的肩上，给了他轻轻一吻。那一霎间，我们没想到一切的缺乏，我们只想到再过一小时，就要成为结发夫妻，那种幸福的心情，使得两个人同时眼眶发热。

三个月终于过去了，那天在法院门口，三毛遇到了公证处秘书先生。秘书先生告诉三毛，最后的马德里公告也结束了，他们可以结婚了。

真的可以结婚了，如梦境般，一直以为还遥远的事情，忽然就来了，三毛不敢相信这场文件大战已经结束了。而秘书先生还安排好了结婚的时间——第二天下午六点钟。

等清醒过来后，才知道要把这个消息告诉另一个当事人——荷西。

坐在邮局的台阶上的三毛这时看到荷西的同事正开着吉普车经过，于是她急急拦住了那人的车子，让他转告荷西，明天要结婚了。转告者很是糊涂，要结婚，难道新郎官都不知道吗？是的，不仅他不知道，而她也是刚刚知道。都是该死的法律规定在作祟。

等荷西知道消息迫不及待地回来时，两个人才想起，赶紧通知家里，明天他们的女儿（儿子）就要结婚。三毛给父母发电报："明天结婚，三毛。"简短得不能再简短，就像发一个明天休息的通知一样。荷西发的是："对不起，临时通知你们，我们事先也不知道明天结婚，请原谅——"字都比三毛的多了几倍，像是一封信。

明天就要结婚了，拿什么庆祝最后的单身生活呢？

沙漠里什么都没有，连个喝一杯的地方都没有，只好去看一场电影了。《希腊左巴》，三毛记住了这部电影名字，像是要记住最后单身的日子，也可以算是和单身的日子做个告别。对呀，明天她就不再是荷西的女朋友了。

因为事先不知道，所以结婚那天，荷西依然去上班。下午荷西回家时，三毛却还在睡觉，许是三毛来回提了一大桶淡水太累了，所以睡得很沉。

荷西进门就大叫："快起来，我有东西送给你。"

三毛光着脚跳了起来，自己竟然一觉睡到下午五点半了。

荷西抱着一个大纸箱，那脸不知道是因为害羞还是太阳晒的，满脸通红。看着大纸箱，三毛的第一个反应就是里面装的一定是花。毕竟是结婚，新娘子手里不应该有一束耀眼的象征爱情的玫瑰吗？

荷西一听三毛说一定是花时，表情有些失望，沙漠里连水都如此珍贵，更别提靠水而养的鲜花了。三毛假装没看到荷西脸上的为难，对于箱子里的神秘物事，她早就懒得猜了，她只想一睹为快。箱子被她抢了过来，急急地撕掉乱七八糟的废纸。竟然是一个白森森的头骨架，正龇牙咧嘴地朝着三毛，她十分惊喜，这是一架完整的骆驼头骨！

三毛很早之前在一本地理书上看到，漫漫黄沙中，一架完整的骆驼骨骸就那样遗世独立地躺在那里，它的头歪在身体的一侧，整个身体卧于黄沙之上，那一定是它临死前的样子，不知道是什么原因的死亡，只知道它定是生于沙漠，死于沙漠。

那张图片像是有种魔力，一直缠绕在三毛的脑海里，半许悲哀半许苍茫。生命也许就是这样一个从有到无的过程吧！

荷西一直都是懂三毛的。

这个骆驼头骨，是荷西在沙漠顶着似火炉一样的烈日，找了很久才找到的。

三毛乐滋滋地把头骨放在书架上，当作宝贝，不时地称赞："呀，真豪华，真豪华。"荷西无比得意。自己深深爱着的人，永远能给自己想不到的喜悦，结婚之前，三毛又一次确认自己的选择是对的。

接着，三毛与荷西便去结婚了。荷西穿着一件深蓝色的衬衫，三毛帮他好好地理了发，又帮他整理了他已然乱蓬蓬的大胡子。为了与荷西的衬衫搭配，三毛找了一件淡蓝色细麻的长衣服，戴了一顶草编的阔边帽子，没有花，便去厨房拿了一把香菜别在帽子上……没有婚纱，依然可以执子之手，何尝不是一件幸福的事。

三毛和荷西是这里开天辟地第一对要求公证结婚的人。

这里的法官也是第一次主持婚礼，很明显他比三毛与荷西还紧张。法官很年轻，穿一件黑色缎子的法衣。

他拿着盖了章的结婚证书时的手都在发抖，在三毛和荷西各自答了愿意结为夫妻后竟兀自沉默了许久，半晌才突然接下话道："好了，你们结婚了，恭喜，恭喜。"甚至在三毛与荷西结婚后都忘了将户口簿交给三毛。

三毛深情地看着荷西，是的，不论生老病死，贫穷与富贵，她都愿意做他的妻子，永远的。

当荷西把戒指戴在三毛的无名指上时，三毛知道今生就将与眼前的男人一起走下去了。执子之手，与子偕老。

在荷西去世的多年后，三毛说过，那副骆驼头骨，就是死，也不会给人的，就请它陪着自己，在奔向彼岸的时候，一同去赴一个久等了的约会。

只有一个顾客的饭店

三毛语录：做家庭主妇，第一便是下厨房。我一向对做家事十分痛恨，但对煮菜却是十分有兴趣。几只洋葱、几片肉，一炒变出一个菜来，我很欣赏这种艺术。

在沙漠里生活，不光是缺水，食物也是非常匮乏。

三毛远在台湾的母亲知道这些后，总是会不定期给三毛寄粉丝、紫菜、冬菇、生力面、猪肉干这些能存放很久的食物。

第一次收到这些食物时，三毛欣喜若狂。是呀，在沙漠里一直吃的西餐，早就吃厌烦了。好了，有了这些东西，足可以开个家庭中国饭店了。当然，这个饭店只有一位食客——荷西，还是个光吃不付账的家伙。

收到食物后，三毛就在荷西这个不了解中国饮食文化的白人面前狠狠地吹嘘了起来。荷西本来就不懂，又看着三毛一副挽袖子大干的样子，更期待色香味俱全的中国菜了，所以即便是不相信，他也顾不了那么多了，因为嘴里早被三毛说得垂涎三千尺了。

　　三毛本来不是太爱做家务活的，荷西又不肯做，她做家务确实是不得已而为之。可是对于做菜，三毛却一直很感兴趣，她觉得几个菜叶子、几片肉就能做出美味无比的佳肴来，已然是一种堪比艺术的行为了。

　　三毛做的第一道菜就是"粉丝煮鸡汤"。她将汤端到了下班后饥肠辘辘的荷西面前，荷西喝了一口便很是诧异地问："咦，什么东西，中国细面吗？"三毛脸一拉说："你岳母千里迢迢替你寄细面来？不是的。""是什么呀？再给我一点，很好吃。"荷西一边吃，一边还是提出了疑问。

　　看着荷西疑惑不解的样子，三毛突然心血来潮想糊弄一下荷西。当然主要是要让他明白，自己收到了母亲非常宝贵的礼物，他这个女婿是得到了厚爱的。

　　三毛不紧不慢地挑出一根粉丝说："这个呀，叫作'雨'，是春天下的第一场'雨'，下在高山上，被初春的寒冷给冻住了。住在山里的人们就把它们一根根地绑好了，背到山下去卖，很珍贵的，不容易买到。"三毛信口开河，编故事的能力不是一般的好哦。

虽然中西文化有差异，可荷西也不会不明白，三毛在糊弄自己："你当我是白痴？"

三毛摇头："你还要不要？"

荷西是第一次吃到如此的美味，又怎么能善罢甘休地放下筷。他根本不理会三毛，对着那些粉丝下筷如雨。

粉丝在三毛手里还会变出无数个花样来。第二次，三毛不再做鸡汤粉丝，这次她做了个"蚂蚁上树"。将粉丝在平底锅内一炸，再撒上绞碎的肉和汁。荷西下班回来原本就饿了，迫不及待地吃了起来，然后低着头看着那些像丝又像面的东西问三毛："什么东西？好像是白色的毛线，又好像是塑胶的？"完全忘记了这是他前一次吃过的粉丝。

三毛这次摇着头说："都不是，是你钓鱼的那种尼龙线，经过加工就变成白白软软的了。"

荷西当然不相信了，不过这本来就是夫妻间的调侃。在三毛眼里，最重要的是看到荷西吃饭时的陶醉样，看到荷西吃得这样津津有味，她就心满意足了。

三毛第三次给荷西做粉丝，是把肉与粉丝做成馅，包成"合子饼"。这次荷西竟然吃出鱼翅的味道，嘴里直唠叨："这个小饼里面你撒了鲨鱼的翅膀对不对？我听说这种东西很贵，难怪你只放一点点。"

三毛笑得躺在地上。

荷西仍然一脸庄重："以后这只很贵的鱼翅膀，请妈妈不要买了，我要写信谢谢妈妈。"

这次说到三毛心坎上了，三毛告诉荷西赶紧写，自己还可以做翻译，然后一边取纸一边乐。

在沙漠里根本吃不到猪肉。所以，三毛对母亲寄来的那点猪肉干十分珍惜，小心翼翼地用剪刀剪成小小的方块，放在瓶里，趁着荷西没发现，悄悄地藏起来，在自己馋得不行的时候，取出一小块解解馋。

可是，还是不小心让荷西找到了，荷西看着那半瓶子黑酱色的东西，像发现了所罗门的宝藏，也不管三毛直呼那是中国的中药，治疗嗓子疼的，只顾着倒出来往嘴里塞，吃了还问三毛："怪甜的，是什么？"

三毛没好气地说："喉片，给咳嗽的人顺喉头的。"

三毛原本以为说成是药，荷西就不会偷吃了。谁知道第二天，瓶子里的猪肉干又少了一多半，竟然让荷西拿去给同事品尝了。从那天起，只要是他同事，看到三毛都会假装咳嗽，而三毛一猜就知道他们是想骗自己的猪肉干吃才故意咳嗽的。

既然在荷西面前许诺要开饭店，就得做出许多精美的饭食来。这次，三毛拿母亲寄来的紫菜做成了日本的寿司，荷西这下竟然死都不愿意吃。他看到包在外面的紫菜像复写纸，任是三毛如何劝说，他都不愿意去吃那个像复写纸一样的东西。

三毛的饭店就荷西一个食客，这下食客不吃了，三毛做菜时的好心情一下子就没了，就像弹了一首经典的名曲，却无人喝彩般失落。不过三毛有办法，荷西不是怕吃复写纸吗，那就自己吃，吃了一大堆饭卷后，就伸出舌头。荷西一看三毛的舌头上什么色都没有，依然是原来的粉红，才放下心来，原来自己又判断错了。不过，这次荷西很聪明，一口下去马上就猜到吃的是什么了："是了，是海苔。"

三毛高兴地蹦了起来说："对了，对了，真聪明！"又想再蹦起来好好夸下荷西，头上却吃了荷西一记"爆栗"。

时间不久，那些来自中国的食物就要所剩无几了。三毛不得已又开始做西餐给荷西吃。荷西连着吃了三天三毛煎的牛排，越嚼越不是滋味，一块牛排切了一小块就不吃了。三毛初时以为他病了，细问下，荷西才说："不是的，太太，想吃'雨'，还是岳母寄来的菜好。"三毛才知道他惦记着中国菜，于是下保证似的说："好啊，中国饭店一星期开张两次，如何？"

后来有一天荷西回来后对三毛说："了不得了，今天大老板叫我去。"

三毛眼睛一亮，以为荷西要加薪水了。

"不是……"荷西欲言又止。

三毛听到荷西的话便很担心："不是？完了，给你开除了？天啊！我们……"荷西是家里的经济支柱，如果荷西被开除了，那这个家就惨了。

荷西却告诉三毛，原来大老板说，公司谁都被请到过三毛与荷西家里吃饭，而他们夫妇还没被请过，他一直在等着荷西请他们吃中国菜……

原来是这样！三毛本来想宣扬一下中国人所谓的骨气，想不请老板的，谁知道看到荷西的表情，又说不出话来。

第二天，荷西告诉三毛，大老板要吃笋片炒冬菇。可是没有笋怎么办？也不能冷了老板热烈的求餐欲望。"好，明天晚上请他们夫妇来吃饭，没有问题，笋会长出来的。"三毛说。荷西听罢，含情脉脉地看向三毛。婚后三毛还是第一次看到他如情人一样的眼神，顿时觉得受宠若惊。

聪明的三毛如期招待了老板夫妇，并且请他们吃上了传说中的笋片炒冬菇。这顿饭吃的是宾主尽欢，不但菜色香味俱全，连三毛这个女主人也打扮得干净得体、落落大方。

老板吃的是满口留香，直夸这是一生中吃到的最美味的笋片炖冬菇。到了最后，他竟然邀请三毛也去公司上班，三毛开心地想，这全部是中国菜——笋片炒冬菇的功劳呀！虽然那道菜里根本就没有笋，而是古灵精怪的她用了黄瓜代替的。

不过那有什么呀，连荷西这半个中国人都傻傻地分不清楚"人"与"入"这两个字，根本不用担心会被老板识破！

做菜的乐趣与家庭的幸福让三毛的生活变得如此轻松而喜悦，最重要的是，荷西是如此的喜欢。女为悦己者容，又何尝不是女为悦己者炊！

第四卷

撒哈拉的苦与乐

今世是我的爱人！每想你

一次，天上飘落一粒沙，

从此形成了撒哈拉。

苦中寻乐

三毛语录：日复一日，我这只原本不是生长在沙漠的"黑羊"，是如何在努力有声有色地打发着漫长而苦闷的悠悠岁月。

撒哈拉沙漠是世界上最大的沙质荒漠，总面积相当于一个美国，气候无比恶劣，是地球上最不适合任何生物，包括人类生活的地方之一。

可想而知，在这个地方生活的外乡人，是多么不易！但三毛这个外乡人，却用自己的法宝，在这里生活得悠然自得。

在这里，人们最大的荣耀就是开着一辆汽车驰骋在广阔无垠的荒漠里。所以，在沙漠里学车是一件非常流行的事。许多沙漠父亲可以住破破烂烂的帐篷，可以不洗澡，一身臭烘烘的，甚至可以把自己的亲生女儿卖了，只要能拥有一辆汽车，都是值得的。对撒哈拉沙漠的人来说，车象征着身份、地位和文明。

荷西也有辆汽车，三毛称之为"假想白马"。三毛最喜欢的就是开着荷西的"假想白马"，在沙漠小镇上四处游荡。而且三毛看上去驾驶水平还不错，丁点儿差错都没出过，有时连她都忘记了自己是个没有驾驶证的人。三毛不记得怎么学会开车了，反正是之前看谁的车子在，就想摸两把，没有人会拒绝她温柔诚恳、发自内心的话："给我来开好吧？我会很当心的。"于是，三毛不知不觉学会了开车。

在撒哈拉开车最大的好处是不会塞车，甚至连红绿灯都很少能看到，一马平川。

每天，人们都能看到三毛开着车上街买菜，或者去邮局，甚至开一百多公里去接送荷西上下班。娴熟的技术让人从来没怀疑过她是无证驾驶，直到父亲写信催促三毛必须把驾驶证考到手，她才意识到不能再拖了。虽然自己拿别人的车已经练成了开车高手，可是没有驾驶证，一样名不正言不顺。还好，在沙漠有的是时间去完成这一任务。

要考驾照，必须报个驾校，才有资格考证。三毛开着车去驾校报名，很不幸运，竟然在驾校遇到了两位身着警服的交警。毕竟是无证驾驶，三毛再胆大也架不住心虚。两位交警也很吃惊，这个中国女人是来驾校报名考证的吗？那么，天天在街上开着车耀武扬威的她，竟然是无证驾驶？

一个警察开始了对三毛的询问："小姐，我好像认识你啊！"

第一句话，三毛没反应过来。只是如实回答说："真对不起，我实在不认识你。"

警察开门见山地说："我听见你说要来报名学车，奇怪啊！我不止一次看见你在镇上开了车各处在跑，你难道还没有执照吗？"

三毛一听，这警察看出来了。怎么办？

别人越急越乱，三毛一急就生智。一听对方不傻，好吧，那我就傻吧，至少装傻总可以吧！

三毛马上改用英语说："真抱歉，我不会西班牙文，你说什么？"看到警察呆住了，当时，三毛心里或许在暗自得意：即使你每天看到我开车，总不能看到我懂不懂西班牙语吧！

刚才还用西班牙语说不认识自己的人，却在此时忽然像个不能沟通的人，只是用他们也听不明白的话叽里呱啦地叫着。

警察只好扯着嗓子叫："执照！执照！"

"听不懂。"三毛继续装，甚至还摆出了尴尬又无可奈何的表情。

　　两个警察一看三毛这么不配合，于是开始商量如何处理三毛。可是，三毛现在也不在车上呀，怎么处理呢？即便是之前他们曾无数次看到过三毛开着车来来去去，可毕竟是之前，现在无凭无证的怎么抓呢？

　　两人商量得很投入，竟然把一边的三毛给忘记了。三毛乐了，趁他们讲来讲去，竟溜之大吉了！

　　其实，自以为聪明的三毛已落入了别人的圈套。两个警察是假装放走三毛的，等到三毛报了名后上了车，才从后视镜中发现两个警察躲在墙角准备抓她个现行，她赶紧弃车而去，徒步回家，等有驾照的荷西下班回来后去把车开回来。

　　在沙漠里开车是件乐事，可去驾校学车却是件不好受的事情。因为学车的人多，时间是安排好了的，三毛学车的时间被安排在中午十二点半。要知道，十二点半的沙漠，气温是一天中最高的时候，可以达到五十多摄氏度，车子在沙漠里就像放在火炉上的一只铁皮箱。如果坐在车内，浑身的每一个毛孔都在往外涌汗。更加让人不能忍受的是，教练是个暴脾气，动不动就把上衣脱下，光着上身。三毛学了三天，实在无法忍受那种酷热。好在对于开车她早就熟门熟路，于是决定放弃实操课的学习。

　　荷西知道三毛退了实操课后，便逼着三毛去上夜晚开设的交通规则课。驾校上交通规则课的老师与实操课教练截然不同，他留着小胡子，比一般的撒哈拉人白皙、清瘦，很有点文化人的味道。第二天上交通规则课，这位老师听说三毛是中国人，马上就向三毛请教中国文化。这对于三毛来说，可找到了显摆的机会，中国文化，她最拿手了。于是那节课，三毛回答了老师许多关于中国文化的问题，老师听得津津有味。

三毛从孔子、老子、庄子讲到中国五千年的文明，等她讲完，天都黑了。这才想起，此时家里还有个饿着肚子等着自己的荷西，而交通规则，连个红绿灯都没涉及。

荷西像个家长一样问晚归的三毛，卡车后面那些不同的小灯，都弄明白了吗？三毛只好撒谎说："快认清了，老师教得很好。"

不过，有学员考了14次都没过关的前车之鉴，三毛一点儿都不敢懈怠，扫地、洗衣甚至是打毛衣的时候，三毛口里都念念有词，条条都是交通规则。为了应付考试，三毛甚至闭门谢客。这急死了那些天天来找三毛玩的邻居们，天天翘首企盼着三毛快快结束考试，回到正常状态。

考试比想象中顺利，虽然对那些蚂蚁一样的西班牙的文字很是生分，可是静下心来，三毛还是很顺利地完成了笔试，并顺利过关。

路试也难不倒三毛，只是骄傲的她以为胜利在望，分一下心扭头去看主教官坐着的塔台，就把车开到沙堆上去了。这让一大堆对着三毛欢呼的看客们跌破了眼镜。隔了一个星期，三毛又来了。有了上次的教训，三毛这次谨慎又谨慎，当看到三毛只用了 2 分 30 秒就完成了规定科目后，全场的人包括远处监狱塔台上放风的犯人都跟着欢呼起来。

那座监狱就在离考场不远的地方，三毛每次来的时候都会路过。三毛决定送些可口可乐和两条烟给那些犯人，毕竟这些犯人在自己考试的时候为自己加过油。

驾照拿到手之后，开车的感觉果然与之前不同，再也没有忐忑不安的感觉了。但后来的一天，却不想三毛很戏剧性地再次遇到之前的两位警察，他们在三毛没有任何防备的情况下突然出现。

两人很得意地说："哈，这一次给我们捉到了。"三毛此时正坐在驾驶室里，手握方向盘。接着，她把驾照拿出来，谁知道，人家连看都不看，直接开罚单。

"罚 250 块。"

"怎么？"

对方狡黠地说："停车在公共汽车站前，要罚！"

"这个镇上没有公共汽车，从来没有！"三毛大叫地说。

"将来会有的，牌子已经挂好了。"

三毛那个火呀，可是发火有用吗？眼看着 250 元非交不可，三毛终于急中生智想起那些交通规则，她马上跳上车，把车开出几米后，停了下来，将罚单塞回给交警。"交通规则上说，在某地停车两分钟之内就开走，不算停车。我停了不到两分钟又开走了，所以不算违规。"于是，两位交警只能悻悻而去。三毛又打了一场"胜仗"，提着菜篮，迈着轻快的步伐走向了福利社。

三毛是智勇双全的女侠，她字里行间的诙谐更是让人忍俊不禁，善良睿智的三毛，是永远盛开在读者心里的一朵奇葩。

生活的艺术

三毛语录：真正的快乐，不是狂喜，亦不是苦痛，在我很主观地来说，它是细水长流，碧海无波，在芸芸众生里做一个普通的人，享受生命一刹那的喜悦，那么我们即使不死，也在天堂里了。

"等到风景都看透，也许你会陪我看细水长流。"王菲一曲《红豆》唱遍了大江南北，这句歌词不仅描述了爱情，更诠释了生命。

波澜壮阔或者跌宕起伏都不是生命真正的含义。生命就像一条长长的小溪，我们都应该去细细感悟那些生活的细枝末节，在感悟中用心创造快乐，给自己，也给所爱的人，一如三毛。

把那张荷西的半年收入汇总递给荷西时，三毛的脸上闪烁着动人的光芒，那光芒里有崇拜、喜悦，以及赞赏……所有能表扬荷西能力的表情。我想三毛一定会绘声绘色地谈着该如何用这笔钱提升他们的生活质量，夸赞着荷西的工作能力，在那一刹那，她要把所有充满爱意的夸赞全部献给最爱的人。她开心地告诉荷西："你看，半年来我们一共赚进来那么多钱。"荷西顿感自己高大了许多，欢喜地说："想不到赚了那么多，忍受沙漠的苦日子也还值得吧！"看在钱的分上，荷西暂时忘记了在沙漠里的风吹雨淋、烈日如火。

接着，荷西孩子般的天性就表现出来了："我们出去吃晚饭吧，反正有那么多钱。"正是晚饭的时间，又有着"巨款"，荷西就提议去国家旅馆好好地吃上一顿。

如阿拉伯皇宫一样的餐厅，流淌着柔和的灯光和温柔的若有若无的音乐。没有沙漠的干燥、狂风和高温，这里空气清新，被烫得笔挺的格子桌布上放着雪亮的刀叉，顿时让三毛忘记了自己身处黄沙漫漫的沙漠。

上好的红酒，四人份的大明虾，四人份的冰激凌蛋糕甜点，荷西就是要在这儿补偿一下自己和妻子，如此奢侈的消费是多么的难得。那晚，荷西像个上流社会的绅士，而三毛如小鸟依人的乖巧女人，品着红酒，在像阿拉伯王宫一样富丽的地方享用了一顿终生难忘的晚餐。

一切都美不可言，唯有一句："啊！幸福的青鸟来了！"

"你喜欢，以后可以常常来嘛！"荷西那晚表现得像个大亨。

是的，如此高雅得让人回味的地方，荷西也想常常来。这样的天堂生活，谁不想享受？长久的沙漠生活，只要是任何事实上的享受，都附带地使心灵得到无限的满足和升华。那晚，三毛觉得自己很幸福。

可是，第二天荷西和三毛依旧面对家里餐桌上的一块圆圆的马铃薯饼，一个白面包，一瓶水。这才是现实的人间生活。一块马铃薯饼被分成三分之二和三分之一份，大的是荷西的，小的是三毛的，甚至那块面包也被荷西吃了，可是依然没填饱他的胃。更让荷西难受的是，只有这些了吗？搜遍整个房间什么吃食都没有了。"今天怎么搞的？"荷西不能接受昨天在天堂，今天马上回到人间的现实。有些事总要去面对的，那张收入总表仅仅只是收入而已，而现在要出现的还有一张账单。三毛趴在荷西的肩膀上幽幽地解释："这是我们半年来用掉的钱，昨天算的是赚来的，今天算的是用出去的。"

"这么多？花了这么多？都花光了？"同样是这么多，却是物极必反。

三毛很诚恳地点头："你看，上面写得很清楚，每天的花销都在，番茄60元一公斤，西瓜220元一个，猪肉半斤

300元，修车15000元，汽油半年24000元……"

像所有的普通夫妻一样，三毛和荷西也一样要吃喝拉撒，所有的费用都不能少，而荷西也像平凡的男子一样看到账单后大吼："你怎么买那么贵的菜嘛，我们可以吃省一点。"早已忘记了昨天他们刚刚去高级餐厅花了差不多一个月的薪水。

三毛很耐心地告诉荷西，其实已经够节约了，两个人已经很久没有买过衣服了，那些费用除了吃喝外，最主要的是花在旅游和朋友聚会上了。这是个沙漠里的小镇，只有一个破烂不堪的电影院，街道永远是冷清的，杂志报纸都是过期很久的，电视屏幕上总是飘着"雪花"，一个月平均收得到两三次节目，播出来的人好似鬼影子，一个人在家也不敢看，停电停水是家常便饭。晚饭后想散个步，迎面而来的不是狂风就是沙尘，这样的日子如果没有旅行，那么还有什么值得期待？

荷西也觉得如果不出去旅行，真的会活活闷死的。

是的，与其活活闷死，还不如出去玩个痛快。旅行的时候还可以抓些鱼改善一下生活。

阿尔及利亚有一千多公里的海岸线。为什么不去看看这一千多公里长的海岸线？还可以捉鱼，然后做成咸鱼晒干，不仅可以省下菜钱，还可以抵汽油钱。于是第二个周末，三毛和荷西带上帐篷，开始华丽的探险。

因为这里大多数是沿岸，所以很少有人能来。当海水退去后，岸边的岩石就会露出小孔和罅隙，甚至形成小小的水塘，会捉到很多的螃蟹。水塘里有章鱼，有蛇一样的花斑鳗，有圆盘子似的"电人鱼"，还有成千上万的黑贝壳长在石头上，肥肥的海带可以晒干做汤，漂流木可以拿去做成雕塑，小花石头捡回来贴在硬纸板上就是画。

所有的烦恼在此时此刻都会化为乌有，三毛和荷西兴奋得像两个孩子。是的，在他们眼里，这里无异于所罗门王的宝藏，而他们是发掘宝藏的人，那些刚才描述的东西在他们眼里都是宝贝。"这里是所罗门王的宝藏，发财了啊！"尽管都是些随处可见的平凡物，但都可以拿去换成钱，又可以在这里尽情地享受大自然给予人类的美丽风景。

荷西还会穿上潜水服，去捕捉大鱼。三毛可以在浅水的地方捉到红色的大螃蟹。三毛把那些大鱼在海水里洗剥干净，加上那些大大小小的螃蟹，忘了拿袋子，三毛就脱下自己的裤子，把裤脚一系，那些鱼呀蟹呀，就一个都不剩地带了回来。

三毛是爱热闹的，荷西也是一样。还在归程，三毛就迫不及待地通知那些朋友们一起开怀畅饮，那些鱼原本打算用来做咸鱼的，后来都成了下酒菜了。朋友们听三毛和荷西绘声绘色地描述探险经过，都大喊着下次也跟着一起去。于是，荷西又拿了牛肉、蛋饼、冰箱、烤箱、炭炉子、可乐、牛奶，和朋友们立即出发。这样一来，探险完就可以吃烤肉，晚上还能露营，当初想要挣钱的计划早被抛到九霄云外去了。

结果可想而知，当探险结束后算一下花销，那个数字庞大得出人意料。每次荷西都会纳闷："当初去海边，不是要做咸鱼来省菜钱的吗？结果多出了这么多开销？"这个西班牙的帅哥，依然保持着少年的纯真，虽然此刻看上去他是位留着大胡子的大叔。

三毛就会安慰他说："友情也是无价之宝的。下星期干脆捉鱼来卖。"荷西很聪明地说道："对啊，鱼可以吃就可以卖啊！真聪明，我就没想到呢！"三毛也觉得这真是个好主意。有了生意蓝图，两个人都下定决心，并且雄心勃勃地保证下个周末一定捉好多鱼，然后拿到市场上去卖。于是，下个周末，凌晨四点半，天色漆黑，正是寒意最浓时，三毛和荷西忍着牙齿打颤的寒冷上路了。经过三个多小时的跋涉，他们终于在上午八点前赶到海边。

此时，眼前是惊涛拍岸的大海，身后是连绵不绝的神秘而寂静的沙漠，碧蓝的天空没有一丝云雾，成群的海鸟拍打着翅膀，在海的上空与乱石间飞来飞去，偶尔发出的一些叫声，让人感觉天地之间更加的广阔与空寂。

三毛翻起夹克领子，张开双臂，仰起头让风吹着，保持着这个姿势一动不动，她在享受着大自然的能量，似乎入了某一种境界。

"我在想《天地一沙鸥》那本书里讲的一些境界。"荷西是个清朗的人。此情此景，三毛恰如这些海鸟一样，是天地间微小的生物，无着无落地飞翔着。这种周末才有一次的捉鱼行动的人，是不是可以称之为"素人渔夫"？

对于这些新鲜的名词，三毛总能说出一大堆来，而荷西知道三毛听闻甚广，亦不足为奇，只是会问下原因，比如，为什么鱼明明是荤的，而三毛竟然会叫"素人渔夫"？

三毛之所以知道，是因为她曾经是想成为一名画家。原来，在巴黎曾经有一群画家，他们平时都会上班，只有在周末的时候才会去作画，被人们称之为"素人画家"。就像现在的他们一样，在周末的时候才会去做一次渔夫，所以三毛称她与荷西是"素人渔夫"。

荷西就嘲笑三毛："花样真多，捉个鱼都能想出新名字出来。"

其实，这就是生活的艺术。生活与艺术紧紧相连，密不可分。

生意人

　　三毛语录：最深最和平的快乐，就是静观土地与人世，慢慢品味出它的美与和谐。这份快乐，乍一看也许平淡无奇，事实上，它深远而悠长。在我，生命的享受就在其中了。

　　生命百味，只是需要途经时慢慢品味，慢慢修行。一如三毛所说："生命的过程，无论是阳春白雪，还是青菜豆腐，我都得尝尝是什么滋味，才不枉来走这一遭。"

　　三毛是热爱生活又极喜欢自由的人。她不怕生命里的苦与痛，只怕生命没了滋味。想当画家最后成了作家的三毛曾经很失败地做了一次生意人。

　　成了"素人渔夫"，经济也已经拮据，因为三毛的好提议，两人决定捉鱼拿出去卖，这样可以挣到钱，然后存起来，不至于囊中羞涩。

其实，那些鱼逮得好辛苦，凌晨四点起床，一路摸黑赶到海边，虽然能看到稀有的美景，可是要下水捞鱼，还要清洗好那些大个又为数众多的鱼，确实很费劲，剥鱼工具有几次还割破了三毛的手指。当伤口与海水接触时，那锥心的痛令人难以忍受。

荷西不时浮出水面，把射杀的鱼扔到岩石上，而三毛不得不干得更起劲，毕竟这是一次挑战、一次新的经历。鱼越来越多，三毛跪在岩石上的膝盖也红肿了起来。

在海里泡了很久的荷西上岸时，脸色苍白，躺在岸边，一动不动，甚至连眼睛都不想睁开。

赚钱真不容易啊！前几次怎么都没这次累人呢？看来，纯粹的娱乐和挣钱真是两个概念。

又是一番两百多公里的返程。此时的三毛已经快要虚脱了，她像一个逃兵一样对着荷西求饶："让我先睡一会儿！实在是太累了。"荷西当然知道，沙漠是什么样的鬼天气，等到三毛睡醒了，那些鱼儿就会发臭了。那么一天的劳累算是枉费了。荷西还是很男人地对自己的女人说："不行，鱼会臭掉，你回去休息吧，我来卖。"三毛怎么肯，她一直与荷西是同甘共苦的："要卖一起卖，我撑一下好了。"

当荷西与三毛再次出现在国家旅馆时，却是与之前完全不同的身份。初时，他们作为上帝一样的顾客；而此时，他们是一对鱼贩子。当初那个彬彬有礼的经理，现在也露出了气势凌人的样子，随手一挥就打发他们去了从后门才能到的厨房。

毕竟在沙漠里，这些新鲜的鱼儿很是难得，所以，当荷西报出每公斤50元价格时，厨房负责人毫不犹豫地买了下来。

算是很成功地卖出了10条大鱼，可惜的是，到手的不是现金，而是一张过了当月15号才能兑现的收账单。三毛也只好很谨慎地把那张收账单收到自己的牛仔裤兜里。

还有20条鱼，要再接再厉哦！

去娣娣酒店，荷西之所以提议这里，是因为娣娣酒店在撒哈拉是大名鼎鼎的，它名为酒店，实则是暗里流萤做生意的地方。三毛嫌这儿混乱，没跟着荷西一起上去，只是站在不远处等着荷西。

这一等就是20分钟，荷西还没有出来。

三毛的心无缘由地酸了一下。她便拎着条鱼走了进去，正好看到柜台里一个性感的女子一只手竟然正在抚摸着荷西的脸。可怜的荷西为了能卖出鱼，正被人家调戏着呢。

一股无名火起，三毛把手里的鱼重重地摔在吧台上，直接吼道："买鱼不买，500元一公斤。"

"怎么乱涨价，刚才你先生还只卖50元一公斤的。"

三毛立马杏眼圆睁，心里就想，你如果再摸一下荷西的脸，我就涨到 5000 元一斤了。天上掉下了个程咬金，这笔眼看着就要成交的生意瞬间黄了。

荷西很是埋怨了一顿三毛，三毛也不服气，本来只是去卖鱼，啥时候荷西沦落到要去卖笑了。

忙活了一天，一分现钱没拿到，现在竟然还生了一场气，三毛顿时感觉到又累又饿又渴，之前的满怀壮志，变成了这个结局，真是世事难料。

但半途而废不是三毛的做事风格。把鱼卖到军营吧，那儿有朋友，至少是个法子。可是没想到，朋友却说，3000 多人的军营怎么分你们这 20 多条的鱼儿？太难为人了。

原来做生意这么难啊？怎么办？

朋友说，去邮局门口吧，那儿人来人往，这些鱼不愁卖不掉的。

只能如此了。

邮局门口确实人多，正逢开邮箱的时间，三毛和荷西把那些鱼摆在那儿时，竟然发现自己根本就吆喝不出来。毕竟是第一次，抛头露面地在街上叫卖，他俩还真做不出来。看来要做街头的小贩，必须有足够的心理素质才行。

三毛只好买了个小黑板，在上面写好了"鲜鱼出售，50元一公斤"，然后和荷西远远地躲起来，看都不敢看路过的人，就像做了亏心事一样。

于是，一批批的人走了，又来了一批批的人，可是就是没人在鱼摊前停顿一下。"回去吧！"三毛忽然想打退堂鼓了，看来做哪行都是注定的，他们只是业余的"素人"。

正在此时，荷西的一位单身同事路过，他看到荷西，很热情地打招呼："啊！在吹风吗？"

荷西马上不知道怎么回答了，表情很是别扭，支支吾吾，不敢承认自己在街上做鱼贩子。倒是三毛很大方地回答说："在卖鱼。"

同事一看他们的架势，就知道成绩不行。于是，就教他们说："卖鱼嘛，要叫着卖的啊！你们这么怕羞不行，来、来，我来帮忙。"一边说着，就拉起一条大鱼，扯着嗓子开始喊："吁——哦，卖新鲜好鱼哦！75 元一斤哦——呀哦——鱼啊！"好吧，他还把价给涨了起来。

不过这一叫喊，很多人都过来了，毕竟沙漠里很难见到新鲜的鱼，于是乎，一会儿工夫，那 20 多条鱼儿就卖光了。看来，75 元的价格也不太高。

三毛一算，净挣了 3000 多元，兴奋了好一会儿。回到家里就想爬在床上不起来，可是荷西还饿着肚子呢，于是煮了些面条，准备应付一顿儿。

荷西可不应付，一看白水面条，就不愿意了，扭头就想出去吃。三毛知道，荷西出去吃的地方只有一个——国家旅馆，于是跟着出来，一路上叮嘱，一定捡便宜的点，可别像上次一样，挣钱真不容易。

可是，计划永远跟不上变化。刚到餐厅，就遇上了荷西的上司。那位上司很热情，看到荷西主动打招呼，并且要求三个人共进晚餐。荷西没有拒绝的份。上司于是推荐说："听说今天厨房有新鲜的鱼，怎么样，来三条鱼尝尝？这种鲜鱼，沙漠里不常有。"这样的询问还不如说是直接点菜。

当餐厅经理路过时，惊得张大了嘴，下午那一对鱼贩子，现在竟然坐在这儿吃他们刚刚卖出去的鱼，而且是当初价格的 12 倍。经理想，一定是遇到疯子了。付账时，上司和荷西抢了一会儿，结果是英勇的荷西赢了。可怜下午那卖鱼的3000 元，马上不见了。

一夜无话。第二天，两个人都睡到很晚才醒来，他们确实需要补充下体力。三毛一边洗衣服，一边煮咖啡，而荷西还赖在床上不肯起来，想起昨天 3000 多元不见了，悻悻然又足够庆幸地说："幸亏还有国家旅馆那笔账可以收，要不然昨天一天真是够惨了，汽油钱都要赔进去，更别说那个辛苦了。"

账单！三毛忽然想起来了，那个账单还在裤子的口袋里，三毛惊呼一声，连忙从洗衣机里将裤子捞出来。伸手去口袋里寻找，却只掏出软软的一堆东西，是那张账单渣子，连拼的机会都没有。最后的希望也没有了，所有的鱼都溜走了。

三毛只有坐在浴室门口的石阶上，回想昨天一天的经历，又想哭又想笑。这算是三毛的阳春白雪，还是她的青菜豆腐？

第五卷
和荷西在沙漠的日日夜夜

生命的过程，无论是阳春白雪，青菜豆腐，我都得尝尝是什么滋味，才不枉来走这么一遭！

拍照记

三毛语录：我初来沙漠时，最大的雄心之一，就是想用我的摄影机，拍下在极荒僻地区游牧民族的生活形态。

浩瀚无垠的大漠除了美丽壮观的自然风光外，最吸引三毛的就是那些在大漠深处的游牧人民的生活。在寸草不生的沙漠里，他们同样有生活的快乐和甜蜜的爱情。三毛对他们的语言、吃饭、解手、信仰都无比好奇，这些都是很神秘的事情！当然，如果能拍到他们生活的样子，更是人生的一件乐事。

为了能接触到这些大漠深处的人们，他们有时要行驶两千多公里。

那是一辆破得不能再破的车子，没有车顶，没有挡风玻璃，顶着高达五十多摄氏度的高温，在沙漠里行驶几千公里。三毛这个长发披肩的柔弱女子竟然能忍受一路颠簸之苦，那是需要很强的体力和意志力才能完成的。

三毛是好样的。每次，三毛只身离开时，都能看到荷西鼓励的眼神以及万般的叮嘱。所以，三毛都告诉自己，决不能辜负荷西的心意和情意。每次，不论走多久，三毛都必让自己安全归来。

第一次深入沙漠，三毛是跟着朋友巴新的送水车。车子上装了几十油桶的水，三毛就混在那些水桶里，一点都没抱怨，反而庆幸并且感激能帮助自己的巴新。

可惜的是，第一次去时，由于三毛只带了自己旅行的必要物资，没有给这些大漠中的流浪者带来他们所需的东西；再加上三毛是个异国来的女子，这些离群索居的人见到她便四散而逃，不敢亲近她。于是，这一次，三毛并未拍到什么有价值的东西。

三毛从来都不是可以认输的人。她不相信，那些和自己一样的人类会一直疏远自己的同类。第二次再去时，三毛带了些小礼物，虽然有些不崇高的想法——利用这些小物品来达到自己的目的，可是主观上，三毛并没有想伤害任何人，那些梳子、糖果、打火机、针线、漂亮的珠子等礼物，甚至还可以帮助沙漠深处的人们。而且，三毛想要交换的只是他们的友情，想要得到的只是他们接纳自己，就像朋友一样。

当然，三毛还带去了他们的必需品——药物。他们同样是人，久居沙漠，但愿这些药物能帮助他们减去痛苦。

可是，那些沙漠中人只要一看到三毛这个"另类"，总是会一哄而散，就像看到恐怖分子一样。这个时候，送水的巴新总是凶着脸大喝一声，然后把他们赶到三毛的跟前，像赶着一群羊似的。

三毛不忍，这个时候总会劝阻巴新，要亲近他们，不能吓到他们的。她相信，即便是走到这个世界尽头，仍然会有爱美的女子和喜欢糖果的孩子。

三毛试着把自己带来的漂亮珠子戴在一个小女孩的身上，然后把梳子送给一个披着面纱的女子，把打火机给一个陌生的男人……七送八送，礼物送得差不多了，三毛就沉下心来，充当一下暂时的沙漠医生。好在这些药对于长年不服药的他们都很快有了治疗作用，三毛感觉他们的防备在慢慢消失。

一位大婶，头疼了好久了吧，在吃了三毛赠送的两片阿司匹林后还不到五分钟马上感觉头不疼了。为了表示感激，她拉着三毛的手，把三毛带到自己的帐篷里，并把自己的家人介绍给三毛，每一步都是打着手势，或者是说着三毛根本听不懂的语言。可是，三毛能感觉到大婶是在热情地欢迎自己。三毛的计划终于有了进展。

三毛也打着手势，想让她们能摘下面上的纱巾，其中有两位很羞涩地背过身去，就像要脱去内衣一样，把面纱取下后，才扭过头来。天！这是怎样的面容？那是两张美丽而羞涩的面孔，淡棕色的皮肤，深深的眼窝，一双黑色的大眼，长睫毛扑闪扑闪，却不敢直视三毛，表情茫然，嘴唇娇嫩而性感。三毛当时就被迷住了，她迅速地拿起相机，想要捕捉她们的神态，而对方从来没见过相机，只是呆呆地站着，任由三毛可着劲儿地拍。

忽然，一个本地男子闯了进来，看到三毛的举动，立马暴跳如雷，朝着那些女人们大吼，三毛听不懂他在说什么，女人们的表情马上变得惊恐不安。

然后，那男人用结结巴巴的西班牙语冲着三毛说："你，你收了她们的灵魂，她们快死了。"

"我什么？"三毛大吃一惊。手里的只是普通的照相机，怎么可能收了人类的灵魂。可是，对方是一群什么样的人呢？他们与世隔绝，甚至后来三毛才发现，他们连镜子都没有见过，以为那个能照出人影的镜子也是天下最恐怖的东西，更何况相机呢？他们的生活状态与这个社会已经脱节了几千年，怎么和他们解释呢？

男人更生气了，他甚至差点推倒了刚才带三毛来的大婶，眼看着男人可能要来抢三毛手里的相机。三毛知道即便自己再伶牙俐齿，他们也听不懂，所以无从申辩，只有选择夺路而逃。自己受伤了不要紧，相机不能有事，那是自己在这个沙漠里最宝贵的东西啊！三毛一面逃，一面大叫着巴新的名字，此时巴新就是三毛唯一的救命"稻草"。巴新正在送水，听到三毛的惊叫，赶紧放下手里的活，奔向三毛，把她保护在身后，并展开双臂，阻止对方来伤害三毛。

那情景，就像一触即发的战争。本来，三毛和巴新可以搬出沙漠军团来吓跑他们，或者他们不是迷信吗，三毛还可以拿着相机借用他们的迷信，让他们屈服。可是，善良的三毛都不愿意那样做，那是一种更深的伤害。三毛宁愿自己受伤，也不愿无辜的人因为自己的一个拍照的举动，陷入恐怖之中。虽然，那只是因为他们的无知。

原本，巴新已经发动了车子，车子上的三毛看到那几个拍过照的女子绝望地蹲在地上恸哭，她们一定以为三毛已经带走了她们的灵魂，而不久，她们会因此而死去。就这样走了？三毛于心不忍。

三毛让巴新停下车来，她要告诉她们，她要放了她们的灵魂。此时只有这样的方法，才能免去她们的恐惧不安吧！

三毛当着她们的面，打开相机，把那些底片，一沓沓地抽了出来，迎着光，放在她们面前，然后用手势告诉她们，盒子里什么都没有了，那些底片亦是空白的，她们的灵魂得以解放，她们可以放下心来，一切都如从前一样。

　　三毛看着她们渐渐露出了轻松的笑脸，有的人甚至拍了拍胸部。三毛知道搞定了，只是可惜了那些照片。还好，自己也算有了一次不同的经历，这不正是自己一生想要追求的吗？

沙漠行医记

　　三毛语录：我是一个生病不喜欢看医生的人。这并不表示我很少生病，反过来说，实在是一天到晚闹小毛病，所以懒得去看病啦。活了半辈子，我的宝贝就是一大纸盒的药，无论到哪里我都带着，用久了也自有一点治小病的心得。

　　中国有句俗话，久病成医。就如经历的事多了，再次遇到就会有解决的办法一样。

　　三毛去沙漠前带得最多的就是药物了。撒哈拉是个物质贫乏的地区，医疗水平极低，三毛又是个有病不喜欢看医生的主，所以平时有个头痛脑热的就对照着药品上的说明，找些合适的药吃。在她看来，这就是所谓的对症下药吧！

　　去沙漠仿佛是一次穿越。

居住在这里的人保守得像几千年前的人，竟然连生病了——无论是大病或者小病，一律不去医院。尤其是女性，她们认为自己的身体是不能让除了自己男人之外的任何一个男人看到，包括男医生。

曾有一次，三毛用了两片阿司匹林就止住了一个老年女人多年的头痛，于是一时之间，人人都对这个东方的女子信服不已。他们宁愿跑很远的路，来找三毛看病，也不去当地的医院。

三毛永远是一个乐意帮助弱者的人，她把随身携带的消炎药、止痛片，按他们所需要的一一发给他们，并再三叮嘱服用方法。对这些远离文明、从来没有使用过药品的人们，普通的药品都是很有疗效的。三毛也一直沾沾自喜，一喜能帮助他人消除病痛，二喜自己是个不懂医术的人，竟然成了解除病痛的医生。

许多当地的女人，常年是用身体的免疫力与那些或大或小的病痛抗争，愚昧让他们不愿意去医院面对男医生，现在终于有了一个女性医生三毛，所以都乐得找三毛看病。三毛是来者不拒，看完病，看到她们身上破旧的衣服，还会拿出自己的旧衣服送给她们。

于是，越来越多的人来找三毛看病，这在荷西看来真是不可思议。三毛与医学从来都不搭界的，现在竟然在这里做起医生了，这可不是好玩的事情，搞不好会出人命的。所以，荷西每次看到三毛给人看病，都大力阻止，因为他时时在为三毛捏着一把汗。

三毛从来都不像荷西那样以为，她觉得，那是一群需要帮忙的人，要为这些人减轻痛苦。每次三毛都非常仔细地为她们看病，因为大部分人只是患上些小毛病，并且他们中许多人从未吃过西药，一直靠自身免疫力与耐力与病痛抗争，所以，只要下药，大都能药到病除。可是，也有疑难杂症的。

邻居姑卡，那时才十岁，再有半个月，就要结婚了。三毛在来到撒哈拉沙漠前，女孩在这样的年龄出嫁简直闻所未闻。然而，在本地，大家却习以为常，三毛也屡见不鲜了。

不知道是怎么回事，姑卡的大腿内侧长了一个红色的疖子，那个疖子摸上去硬硬的，起初有个铜钱那么大，大腿内侧的淋巴结也似是肿了，姑卡每走一步都很痛苦的样子。

三毛第一天去看时，也没敢下药。三毛不太明白姑卡的病是怎么出现的，抱着等等看的心理。到了第二天，那个疖子竟然像核桃一样大了，姑卡痛得滚在破席上呻吟。

三毛一看，这太可怕了，都痛成这样了，怎么也得去医院啊。

但母亲怎么也不让去医院，姑卡那个疖子长得太不是地方，根本不能让男人看，即便是男医生也不行。

真是愚昧害死人。三毛实在没有办法，只好拿了些消炎的药给姑卡服用，用了三四天，一点都没见好，姑卡依然痛得不行，整个人都消瘦了不少。不得已，三毛去见姑卡的父亲，试着劝他们把姑卡送到医院。

姑卡父亲的态度一如之前她母亲的态度，坚决地表示不能送医院。

怎么办？就眼睁睁地看着姑卡就那样生生地疼死吗？她才十岁，就这样让她自生自灭吗？

三毛忽然想起小时候看的一本药书，那本书有一段介绍到黄豆可能去疖。只是一段文字介绍，三毛也没尝试过，可是现在看到姑卡的样子，也只能死马当作活马医了吧！

三毛赶紧地跑回家磨豆子，把那些豆汁流出来后，再把黄豆继续捣成糊状。三毛一言不发，低着头在厨房里做事。古灵精怪的荷西听到动静，看到待在厨房的三毛，便探头进来问："是做吃的吗？"

三毛怕他又要阻止自己给人看病，只是平静地告诉荷西，自己在做中药帮助姑卡祛痛。他果然不赞成三毛的做法："这些女人不看医生，居然相信你，你自己不要走火入魔了。"

三毛无法与荷西理论，虽然荷西的话很有道理，但三毛也没有办法去说服姑卡去医院。所以，折中的办法就是尽自己最大的努力帮助姑卡，但愿姑卡好运吧！

三毛将黄豆糊糊倒入小碗中，走进姑卡家中，并把那些黄豆渣仔仔细细地涂在姑卡长的疖子上，然后再缠上纱布，三毛对中医还是有信心的。

到了第二天，揭开纱布时，竟然看到姑卡原先红肿的地方明显比昨天发软了，有好的征兆了。

于是，三毛天天去给姑卡换药，那些黄豆糊糊果然管用。第三天，有黄色的脓在皮肤下露出来，到了第四天，大量的脓水从疖子中流了出来。到了最后，渐渐成了浑浊的红色的血水。过了几日，那些脓清干净了，姑卡的病完全好了。

荷西下班时，三毛很得意地告诉他，自己医好了姑卡的病。

荷西惊讶地问："是黄豆医的吗？"

三毛回答："是。"

荷西不解地摇着头说道："你们中国人真是神秘。"

姑卡的病好了之后，当邻居哈蒂耶陀来找三毛告诉她说，自己的表妹快要死了时，三毛竟然胆大到又要去"救死"了。

荷西在房内听到了三毛与哈蒂耶陀的对话，着急地大叫着："三毛，你少管闲事。"荷西一直不支持三毛在沙漠里行医，那些女性没有常识，不去看医生，如果死了会以为是三毛医死了。三毛很尊重荷西，因为荷西的话有点道理，自己确实不是一名医生。

可是，看到邻居哈蒂耶陀信任又绝望的眼神，三毛就爱心泛滥了。加上她猎奇心重，而且胆子又大，根本不愿意听荷西的话。

表面上，三毛听从了荷西的建议，再也不出去"胡作非为"了，可是，等到荷西一上班，三毛就悄悄地跑到邻居哈蒂耶陀家里去看病了。

哈蒂耶陀的表妹已经骨瘦如柴，眼底苍白、眼窝深陷。三毛摸了摸她的额头，没有发烧的迹象。三毛问她感觉哪里不舒服，她说不清楚，哈蒂耶陀用阿拉伯文翻译说她浑身没劲，甚至不能站起来，眼睛越来越模糊，耳朵也一直在鸣叫。

三毛又问了几个问题，才知道哈蒂耶陀这个表妹一直住在大沙漠帐篷里，平时食物都很匮乏，更别说营养丰富的食物了。

三毛忽然灵光一闪，女孩子也许没有病，她是长久没东西吃，营养不良，才会浑身无力。

想到这里，三毛赶紧跑回家里，带来的多种维生素片还在，想来可以缓解一下女孩子的病情。当三毛把那些维生素按正常服用的剂量告诉邻居哈蒂耶陀时，还让他每天给女孩子做羊肉汤喝，当然，那得杀一只羊，因为女孩子的身体得好好补补了。

没过十天，当女孩子来三毛家道谢时，荷西回来看到她，笑起来了："怎么，快死的人又治好了？什么病？"

三毛笑嘻嘻地说："没有病，极度营养不良嘛！"

荷西当然不相信："你怎么判断出来的？"

三毛思考了一会儿："想出来的。"

这次连荷西也有点赞许了。

三毛不仅救死扶伤，还在沙漠里差一点做了助产士。这些当地人，生病了不去医院，生孩子当然更不会去医院。

撒哈拉是贫穷落后的地方，这里的人们好多都没受过教育，尤其是女人，甚至连钱币上的数字都不认识。三毛决定在这里开个女子学校，至少帮她们认识简单的数字，暂时算是扫盲班吧。

班里有个女子叫法蒂玛，她是个三岁孩子的母亲。一天，她不好意思地找到三毛，想请三毛帮助自己。三毛起初以为只是个简单的要求，后来才知道，法蒂玛怀孕了，而她是想让三毛在自己生产时，可以帮助自己分娩。

虽然有了点行医的经历，可是帮助接生，三毛想了想那个场面，还真没有那个胆量。再说自己确实是个外行，没受过专业的培训，确实危险性太大了。

可怜的法蒂玛一看三毛拒绝了，眼泪就出来了。她上次生产时是母亲帮助的，可现在母亲去世了，自己再找谁呢？

三毛劝她去医院生孩子，法蒂玛马上拒绝了，不行，医生是男的。之前，三毛问胎儿有几个月了，法蒂玛不会算术，自然不知道孩子有几个月，所以也不知道预产期。三毛没有答应法蒂玛，可是一个月后，法蒂玛生产时，三毛还是去了。

此时，法蒂玛已然痛得没有力气了，而她三岁的儿子正在她的身边哇哇大哭着。法蒂玛要生了，可是就是不去医院，情况太紧急了，三毛不得不跑回家里找接生的东西。

一本关于接生的书、剪刀、酒精加上药棉……就在三毛准备好东西出去时，荷西一把抱住三毛，说什么也不让三毛去接生。他怕三毛会失手，那就是两条人命，他不能让三毛担负这样的罪孽，那是一生都还不了的。三毛早已昏了头，而荷西没有。如果抱着救人的心，却做了害人的事，一样是不可饶恕的。

那晚，法蒂玛去了医院，是三毛和荷西一起开车送去的。法蒂玛成了这一带去医院生孩子的第一人。当晚，法蒂玛顺利地在医院生下了一个男孩子。而三毛失去了一次为人接生的经历。后来，三毛终于有了接生的经历，不过是为了一只母羊接生。

那只母羊其实已经生产过了。只是它的身后一直拖着一团血肉模糊的东西，不知道是胞衣，还是子宫，看上去让人恶心不已。

那只羊的主人为此就想杀了羊，而那两只可怜的小羊刚刚出生不到三天，三毛看着可怜的小羊就要失去母亲，十分不忍心，于是劝下主人，先不要杀羊，她会想办法解决。

三毛准备给羊做一次手术，帮它取下那落在身后的脏东西。当然做手术前是要麻醉的。

思来想去，三毛就找了一大瓶的红酒，对着羊就灌了下去，羊喝了酒，没多久就醉倒了。三毛顺利地完成了手术，成功地当了一回兽医。

鉴于当初法蒂玛的事情，三毛再做与行医有关的事情，也不像从前一样一一告诉荷西了，她是怕他阻拦，更是怕他担心。

所以，这次给羊做手术的事，她没给荷西说。当然，还有她做牙医的事，荷西也不知道。

不过，纸是包不住火的。当三毛和荷西一起去沙漠露营时，竟然遇到了那个牙痛患者。患者看到三毛，惊喜不已，不停地在荷西面前夸三毛。三毛眼看着事情要败露，赶紧移开话题，但还是失败了。

患者还张开了嘴，把那颗补过的牙指给荷西看，然后说，自从你太太帮我补过后，它再也没疼过了，你太了不起了。

荷西啼笑皆非，盯着三毛说："补了几个人的牙？"

"两个，不，三个吧，一个小孩子。都不肯去医院，没办法，所以……事实上补好他们都不痛了，足可以咬东西。"

荷西拿自己的太太一点办法也没有，可是很高兴自己有个乐意帮助别人的善良太太。虽然那些行为都具有冒险性，可是他看到了三毛的一颗闪闪发光的爱心。

医者父母心嘛！

军人的灵魂

三毛语录：第二天，这个军曹的尸体，被放入棺木中，静静地葬在已经挖空了的公墓里，他的兄弟们早已离开了，在别的土地上安睡了，而他，没有赶得上他们，却静静地被埋葬在撒哈拉的土地上，这一片他又爱又恨的土地做了他永久的故乡。

有些人，我们根本不懂，表面上冷若冰霜，却总是在不经意发生的一件事情上，表现出他高贵的人格魅力。

"军曹"就是三毛遇到的有着非凡人格魅力的一位西班牙军官。只是三毛最初遇到他时，他给三毛的印象就是酒鬼一个。

那是一个夏天的晚上，很难得的凉爽之夜。三毛和荷西共进晚餐后，打算在这个难得凉爽的夜晚里出去散散步。

当三毛和荷西两个人散步到坟场附近时，看到前面人头攒动，原来是一群年轻人，他们围成圈子，像在看着一场热闹。

经过人堆时，三毛才发现，那个圈子里趴着一个人，穿着西班牙军人的服装，像荷西一样也留着个大胡子，面孔发红，一动不动，好像死了一般。空气中到处都是酒的气味，很明显，这是个喝高了的沙漠军团的人。沙漠军团是西班牙的一支部队，而当地人的心却向往独立自由。他们希望把西班牙人赶出沙漠，沙漠军团与当地人就像死敌一样。

那些看热闹的当地人，看到沙漠军团的人不省人事，于是，有人把口水吐在那人的脸上，甚至还有人拿脚踩在那人的手背。那个军人喝得太多了，没有抵抗力，甚至连感觉也没有。

荷西是西班牙人，所以三毛对沙漠军团有着老乡的感觉，眼看着那个军人的情况越来越糟糕，三毛只得悄悄地对荷西说："荷西，快回去把车开来。"

那个军人身材高大壮硕，凭三毛和荷西根本带不走他，只有用车了，把他载到他应该去的地方。

荷西去开车了，三毛一直注意着现场的动态。那个军人的枪一直在他的腰间，三毛当时想，如果有人想解他的枪就要立刻尖叫，但是接下来应该怎么办，三毛还没想好。此时，三毛多希望能遇到一个西班牙军人，或者是西班牙的老百姓也行呀。可惜，一个都没有。

好不容易荷西来了，两个人排开众人，把这个大块头抬上车子，已然大汗淋漓。三毛离开时，还得不停地对那些人说着"对不起，对不起"。可是，等车子启动时，那些年轻人还是不解气似的用不知道什么东西砸了好几次车顶。还好，仅仅是砸车顶，没有引起更大的事端。

等到车子开到沙漠军团的军营大门口时，已经很晚了。军营四周漆黑一片，木制的栅栏边隐约能看到守卫的士兵。

三毛不敢让荷西贸然开车过去，这夜深人静的，面对的又是一群荷枪实弹的军人，还是谨慎一些吧！

荷西打开了车灯，按响了车喇叭。等到有士兵注意时，荷西用西班牙语大喊着说："是送喝醉了的人回来，你们过来看！"是的，从装束看，那人是个军营的人。

随后有两名士兵走了过来。三毛听到，那重重的脚步声里伴着子弹上膛的声音，枪口瞬间指向了三毛和荷西。

三毛和荷西吓得一动不动，第一次被黑洞洞的枪口对着，很是毛骨悚然。还好三毛能保持着一丝的镇静。她把车子上的人指给士兵们看。他们只看了一眼就说："又是他。"

看来，这个醉酒的男子不是第一次喝多了，他们早已见怪不怪了。此时，高墙上的探照灯"唰"一下照到了三毛和荷西，三毛一下被吓到了，赶紧躲进车子里。

三毛和荷西离开时，还是心有余悸，虽然知道是自己的部队，可是刚才戒备森严的军营、黑乎乎的枪口以及明晃晃的探照灯，一切好像回到了战乱时期，恐怖之感围着三毛几日都没散去。不过被人用枪那么近地指着，倒是生平第一次。

再遇到那个喝酒的军人时，是在三毛正弯腰曲背地搬着因为自己夸下海口，为了不丢脸面，而不得不分次去把军营的八箱牛奶搬到墙角，准备叫计程车时。一辆吉普车"嘎"的一声在三毛的身边停了下来。因为投机买了八箱牛奶的三毛很心虚，不用抬头就知道那是辆军车，当时心就提到了嗓子眼，等抬起头时，就看到那个自己和荷西救了的喝高了的军人。

和上次的形象完全不同，此时的他是神气十足的，没有酒味，人很高大，三毛不得不抬着下巴才能看到他的脸，依然是大胡子，可是衣服笔挺，神情严肃又透着说不出的霸气和专注。绿色的船形军帽上，三毛注意到了他的军衔——军曹（军曹其实就是个中士）。

军曹的脸上没有任何表情，一句话都没有说，只是把三毛的那八箱牛奶，三下五除二地搬到自己的车上。

毕竟是曾经自己救过的人，三毛相信他不会伤害自己，于是看牛奶搬上了车，跟着跳上了他的车。

还是三毛先开口说的话，她必须告诉对方自己住在哪里："我住在坟场区。"

"我知道你住在那里。"军曹粗声粗气地回答。三毛摸不清对方的脾气，一路也不敢再开口说话，只是把头扭出去，假装看路边的风景。

到了家门口时，那个军曹倒是很温柔地刹车。三毛不便让人家再搬一次牛奶，于是快速地跳下车来，赶紧大声地叫了邻居沙仑来搬。沙仑是当地人，在这里开了个小杂货店，和三毛很熟。

沙仑很乐意帮助三毛，可是当他从店里趿着拖鞋跑出来时，看到三毛的身边站了个西班牙军人时，突然顿了一下，接着马上低下头赶快把箱子搬了下来，那样子就像遇到了凶神恶煞般。三毛分明感觉到沙仑的恐慌。

而那个军曹，看着远处的小店，又看了看车上的牛奶，脸上忽然有了表情，三毛看到了他突然转过脸时那鄙夷的神情，三毛很敏感地捕捉到了，知道他误会了，于是赶紧解释："这些牛奶真不是转卖的，真的！请相信我，我不过是……"三毛话还没说完，军曹就大步跨上了车子。自顾自地发动起了车子。

三毛看他想要离开，站在车前问道："谢谢你，军曹！请问贵姓？"

军曹发动了车子，眼睛紧紧地盯着三毛说："对撒哈拉威人的朋友，我没有名字。"然后，车绝尘而去。三毛呆呆地望着尘埃飞舞，心里有说不出的委屈，被人冤枉了，还不给解释的余地。甚至连问他名字，还被无礼地拒绝了。

三毛转过身子问沙仑："沙仑，你认识这个人？"三毛觉得奇怪，沙仑只是普通的公民，没必要见到军人就怕成那样子。

沙仑："是。"

"干什么那么怕沙漠军团，你又不是游击队？"

沙仑的回答让三毛更惊奇了："不是，这个军曹，他恨我们所有的撒哈拉威人。"

"你怎么知道他恨你们？"

"大家都知道，只有你不知道。"

三毛很不解，她刻意地看了一眼老实的沙仑，沙仑从来不说人是非，他这么讲一定有他的道理。

天下事，都是有因才有果。军曹的恨，有着他恨的原因。后来，三毛才知道军曹的故事。

那是十六年前，军曹刚到撒哈拉时发生的事。那时的撒哈拉沙漠不属于任何一个政权，因为特殊的地理位置，它周边的几个国家都想拥有这片沙漠。

撒哈拉沙漠里有一片很美丽的地方——魅赛也，它是沙漠里的美丽的绿洲，在这里滋养着这片土地上的人们，绿洲甚至还能种植整片的小麦，要喝的水应有尽有，当地人几乎全把骆驼和山羊赶到这里来放牧，扎营的帐篷成千上万……

后来，西班牙的沙漠军团来了，他们在这里扎营，成为第一批进入沙漠的军人，军曹便是其中一分子。当地人很怕自己赖以生存的淡水被外来人用光，所以不给军人们用水。于是，双方的关系一再恶化。冲突时有发生，每次都是手里有武器的沙漠军团胜利。

终于，有一天，一大群当地人偷袭了军营。那是一个伸手不见五指的晚上，当地人一夜之间杀死了军营所有的人。那是一场有名的惨案，血流如河。

只有一个人逃过一劫，因为那天晚上喝多了酒，醉倒在回军营的路上。醒来后他的伙伴全死了，一个不留。

三毛不用深思就想到了，自己救的那个军曹就是十六年前唯一幸存下来的那个人。

原来，惨痛的经历一生都铭记在心里，每一次午夜梦回，有多少不能饶恕的梦啊！

军曹的冰冷，军曹的仇恨，在真相面前，成为一种合乎情理的解释。那些惨痛的经历没有人能放下。

如果仅仅如此，三毛笔下的军曹也只是个普通的军人，虽然合乎情理却无任何闪光之处。

后来，因为种种原因，沙漠军团要撤出撒哈拉。在沙漠军团的墓地，三毛看到了军曹和他的兄弟们。他们要走了，那些墓地里躺着的军营兄弟，他们也要带走，一起来的，走的时候不能扔下他们。

一个个棺木被打开，三毛看到的不是一具具白骨，而是一具一具如木乃伊般干瘪的尸身。这些尸身被小心翼翼地抬出来，再放入新的棺木中，钉上棺钉，贴上他们的名字，然后搬上车。

那个军曹一直蹲在远处，等到有一处坟墓打开后，他像等待了许久一样，迅速地跳了下去，谨小慎微地把那具尸身像情人一样抱了出来，满脸痛惜之情，轻轻地抱在怀里，长久地注视着已然面目全非的风干的一张脸。三毛看不到他脸上有愤怒和仇恨，有的只是不能言说的柔情。场面很是让人觉得悲怆。

原来，那个死者是军曹的弟弟，死于十六年前的那场惨案。军曹要带他离开，人群立马分出一条路来，甚至当地人看到军曹站起来时，都吓得夺路而逃了，怕他做出难以想象的复仇行动来。

那是三毛最后一次见到军曹。时局很混乱，到处都能听到爆炸的声音，连开车都怕遇上地雷。所有人都活得胆战心惊，小心翼翼。

那是荷西带回来的消息，三毛之前也听到了那巨大的爆炸声，甚至看到不远处滚滚翻动的黑烟。

荷西说："那个军曹死了。"

三毛很震惊，军曹马上就要离开这片悲伤的战乱之地，他还要带着自己的弟弟魂归故里，怎么就死了？

是那声爆炸。早上军曹路过爆炸的地方，一群撒哈拉威人的孩子正玩着一个盒子，他们只是一群孩子，根本不知道那个盒子是什么？那个盒子上插着的一面旗子让军曹感觉到危险时，已经来不及了，一个孩子已然伸手拔出了那个旗子……

盒子突然间就爆炸了，军曹在盒子爆炸之前扑了上去，紧紧地抱住了盒子。他被炸成了碎片，而那群孩子，只有两个受了些伤。

这是事情的经过，三毛茫然地给荷西做着饭，但心里一直想着早晨发生的事情，军曹救了他一直仇恨的当地人的孩子，救了杀死自己亲弟弟的当地人的孩子。

一个被仇恨啃噬了十六年的人，却在最危急的时候，用自己的生命扑向死亡，去换取了这几个他一向视作仇人的孩子的性命。

从来没想过他会这样死去，所有的沙漠军团的人，包括那些死去的，都走了。只有他，最后留在了他恨了十六年的土地上。

三毛去墓地看过他，他的墓碑上刻着"沙巴·桑却士·多雷"，那是他的名字。

　　三毛语录：早晨的沙漠，像被水洗过了似的干净，天空是碧蓝的，没有一丝云彩，温柔的沙丘不断地铺展到视线所能及的极限。在这种时候的沙地，总使我联想起一个巨大的沉睡女人的胴体，好似还带着轻微的呼吸在起伏着，那么安详沉静而深厚的美丽真是令人近乎疼痛地感动着。

　　三毛喜欢沙漠，是因为这里能看到她喜欢的风景，还能不时地遇到让她感动的人。

　　三毛常常送荷西上班的那条路，两侧都是漫漫黄沙。三毛之所以愿意来来回回地在这条路上奔波，不仅是因为长久被封闭在一个破旧的小镇上，就像被囚禁了一样，完全隔断了与外界的联系，而那条路就像大海里会行驶的船，至少能让她驶到那个小镇之外的世界；还有就是那条路上，她总是能遇到让她帮助的人。

三毛最怕的就是千篇一律的日子，没有过分的喜悦，也没有过度的悲伤。三毛不怕吃苦，就怕"没有变化的生活，就像织布机上的经纬，一匹一匹的岁月都织出来了，而花色却是一个样子的单调"。荷西把船拖运回来，车子开到家门时，三毛听到消息，几乎是冲出去跟它见面，那样迫不及待，完全是因为沙漠里如果没有车子，就像被捆了双脚般，寸步难行。

三毛的那双手，自从搭在车子上后，就很长久地不愿放开了。她太喜欢这车子，轻轻地摸着它的里里外外，好像是得了宝贝似的不知所措地欢喜着。当然因为有了车子，她可以开到很远的地方，可以去看沙漠的落日、难得一见的海市蜃楼，以及沙漠深处的那些神秘游民。

可是，车子只有一辆，同样喜欢得不得了的还有荷西这个傻小子，他总是霸占着车子，不给三毛开车的机会。

而三毛的喜欢就表现在打理车子上，一听到荷西下班回来时，就拿着一块干净的绒布，很是细心地对着车子是擦了又擦，把边边角角的灰尘都打扫得干干净净，甚至连车胎里带入的小石子，都小心翼翼地用镊子把它们一一挑出来。

荷西的工地离家有两小时的车程，那条荒凉的公路是笔直的，可以无情地跑，可以说完全没有交通流量。第一次去接荷西，三毛就迟到了四十分钟，荷西已经等得不耐烦了。

"叫你不要怕，那么直的路，油门踩到底，不会跟别人撞上的。"荷西以为三毛开得慢才迟到，但其实是三毛在路上遇到了个走路的当地人，看到有人无助地走在沙漠里，三毛说什么也不会扔下了不管。

荷西很担心这样会让三毛遇到坏人，而三毛却对那些不认识的人很有信心。在狂风终年吹拂着的贫瘠土地上，不要说是人，就是看到一根草、一滴晨曦下的露水，都能触动三毛的心灵，更何况在寂寞的天空下看到那些蹒跚独行的老人呢？

有了车子，周末出去玩真是舒畅多了，平时，荷西霸占着车子。两个人常为抢车子怄气。每次说好了第二天车子让给三毛开，自己搭交通公车去上班，可是到了第二天，荷西早已忘记了昨天说过的话，一出门就开着车子溜了。

再回来时，三毛继续打理车子。虽然两人之间为此一直怄气，却不伤感情。荷西开车很是帅气，开着窗，很急速地在沙场地上打转、倒车，然后像闪电一样飞驰而去，身后是壮观的连天沙尘，很是让街头的那群小孩子仰慕不已。

那天晚上，三毛听到荷西停车的声音了，以为不久荷西就会进屋来。可是等了好久，连个人影也没看到。于是，出门看时，才发现车子与人都不见了。

等了很久，荷西回来了，灰头土脸，不是一般的脏。三毛追问他去哪儿了，荷西只是简短地说："出去散了个步。"

三毛不想像个家庭妇女一样喋喋不休地问个东长西短。等荷西去洗澡时，三毛开始打理车子。刚打开车门，车子上一股怪味扑面而来，车后座上，湿淋淋的一大堆，散发着刺鼻的尿臊味，前座上一团鼻涕，窗玻璃上到处都是小小的巴掌印，还有那些饼干屑，车里到处都是……

荷西一定是带这些孩子去兜风了。三毛不生气他拉那群没坐过车的孩子出去玩，她生气在自己每天那么下力气地去打扫车子，荷西一点都不知道尊重她的劳动付出。

不过这也是一次机会，一次可以和荷西平分"假想白马"的机会。

"带了几个脏孩子去兜风？说！"

"十一个。"

天，那么小的空间，荷西竟然塞了十一个孩子进去，疯了吗？这次一定要拿荷西的错误，来帮助自己占领车子，哪怕是一半的使用权呢！

荷西自知理亏，不得不妥协。终于，三毛和荷西达成共识，车子一人一星期轮着用。

终于可以开到车子了，虽然开着车子只是去镇上寄下邮件，然后回家做家务，可是三毛就是愿意。下午三点，阳光正猛烈时，三毛便拿着本书，靠在发烫的车座上，开始自己盼望了一天的节目——去接下班的荷西。

三毛开着车在那条一百多公里的马路上驰骋。那是通往荷西公司的公路，安静得近乎恐怖，很少能遇到迎面而来的车子。你可以在这儿加足了马力，无情地发野地狂跑，不用担心会遇到紧急情况，因为它是那么荒无人烟，虽然有些孤寂，却自由自在，豪气十足。

车子归属三毛的一星期内，三毛每天下午都要开着车去接荷西下班。每次荷西都会伸着脖子等很久，才能看到三毛的车子迟迟而来。

荷西就会教训三毛："告诉你多少次了，那条路，你要把油门踩到底，别担心，不会撞到人的。"

路上有流沙的，三毛有时会跳下车来去清理一下，要不车子一直打滑，根本开不过去。况且，三毛有点含含糊糊地吐出了几个字："那个人住得好远呀！"

荷西一怔，什么人？

三毛说："不认识，路上遇到的，我本来是不想捎他。可是你看，这太阳又大又毒，他年龄又那么大了，我总不能把他一个人扔在毒太阳下，让他那么辛苦地走回去吧！"

荷西每次听到这里，就会伸手打自己的额头，然后叫一声上帝。三毛真是个固执的家伙，他告诉了她多少次，不要让她在路上轻易载人。她一个年轻女子，万一遇到坏人怎么办？

三毛每次都给自己找理由，不是对方岁数很大了，就是天气太过恶劣了，甚至说他们生活在这个贫瘠的土地上，上苍已经对他们不公了，他们经历了比任何一个地方的人都要多的磨难。所以，遇到他们需要帮助时，她会义不容辞。

荷西其实也知道这些，也理解善良的三毛。可是，他一直在担心，怕三毛会遇上不善之人。他实在是担心三毛的安全。

三毛当然也知道这些，可她就是做不到。开着车子从一个蹒跚着在沙漠里行走的人，有时会是上了年纪的人，从他们身边忽地蹿过去，三毛做不到。不论对方是什么人，那一刻，他们只是自己需要帮助的人。

有一次，三毛在路上遇到一个孩子，这个孩子不是徒步，他骑着单车，看到漫天黄沙中这个骑着车的瘦小身影，三毛吃惊地刹住了车。

三毛停下车后，男孩子慌忙跑到车窗前迫不及待地问："太太，请问有没有水？"

那是一种近乎希望，又快支撑不住的迫切。很可惜，那次三毛没有带水，可是三毛愿意帮助他，把他带出这片前不着村，后不着店，到处是毒辣的阳光和漫天的黄沙之地。可是，孩子的单车太大了，根本放不进车子里。三毛建议，可以把车子放在原地，等有机会了再来取。

男孩子一脸的不舍得，那车已经很破烂了，可却是他的最爱，他不想把最爱留在这里，让漫漫黄沙将其掩埋。

没有法子，三毛只得先行离开了。回到家里的三毛辗转难安，满脑子想的都是男孩子：他渴了很久了吧，那条路他从早上骑到中午了，他的单车还要骑很久才能走出来，他会不会晕倒在路上，那就意味着……

三毛不敢想了，她第一时间冲了出去，然后又转了回来，带上了足够的水，还有面包。她要回去，去寻找男孩子。现在他最需要的就是她的帮助。

凡此种种，三毛遇到过许多次。还有一次，三毛还载了位带着羊的当地人，那只羊也被拉上了车。整条路上，三毛差点被那只喘息着的又不住地在三毛头发与脖子间来回摩擦的羊弄得崩溃。

可每次，等着那些下了车的搭车客们拉着三毛的手，不停地说着谢谢，即使三毛开着车子走了很远，扭头还能看到那些搭车客们谦卑地站在原处向自己挥手时，三毛常常为此而感动，多么淳朴的善良的人们！

哑
奴

　　三毛语录：风里面，只有哑奴隶的声音和那条红色的毛毯在拍打着我的心。几个年轻人上去捉住哑奴，远远吉普车也开来了，他茫茫然地上了车，手紧紧地握在车窗上，脸上的表情似悲似喜，白发在风里翻飞着，他看得老远的，眼眶里干干的没有半滴泪水，只有嘴唇，仍然不能控制地抖着。

　　那是三毛第一次在撒哈拉沙漠里被像贵宾一样招待，也是三毛第一次与当地的大财主接触。喜欢感受不同经历的三毛当然不会放过这个好机会。

　　那是个年老的看上去十分精明的撒哈拉威人，会说法语和西班牙语，会优雅地吸着水烟。一脸的傲慢与优越，多年养尊处优的生活让他看上去毫无常见的撒哈拉威人的沧桑。

其实，三毛并不认识这位大财主，只是朋友阿里与这位大财主是亲戚。所以，才有这次在撒哈拉沙漠的一段不同寻常的经历。

财主的家很是富丽堂皇，那座白色的带着欧式和阿拉伯式风格的建筑物，让三毛犹如进了迷宫一般。到处都是阿拉伯风格的地毯，纯羊毛给足了脚感，一间间华丽丽的屋子里到处都是落地的大镜子，柔软的席梦思大床，蒙着脸的妩媚女子，就连她们的衣服上都是很难得一见的金线银线。

三毛有些咋舌，财主的富贵可见一斑。

财主只是敷衍了下，便离开了，招待三毛一群人的工作留给了阿里。

这次盛宴主要是吃烧烤，烧红的炭炉子是被一个黑人小男孩搬进来，男孩个子不高，看样子只有八九岁，脸上永远是卑微的笑，做起事很小心。他先把炉子搬到墙角，然后再拐回头去捧着一个很大的银盘，那个盘子很大，也很重。所以，男孩子连走路都跟着摇晃起来，看上去有点吃不消。三毛准备起身帮助他时，他已经把盘子放在地毯上。三毛看到盘子上有纯银制的茶壶、纯银的糖盒子、碧绿的新鲜薄荷叶、香水，还有一个极小巧的炭炉，上面是冒着袅袅热气的茶。

那个茶壶很是小巧可人，小小的茶具也一样的清新华丽。三毛又一次惊叹了，没想到在这里竟然还能遇到堪称艺术品的东西，瞬间被迷得神魂颠倒。

接下来，那个男孩子先朝在座的众人跪了下来，然后又站起身，拿起盘子里的香水，朝每个人的头发上轻轻地洒起来。三毛懂得，这是沙漠里最隆重的礼节。马上，整个屋里被香水的香气笼罩着。

小男孩一直在忙，先把那些生肉一一放在火炉的钢丝网上，然后再倒了奶茶给客人。屋子里到处都是男孩子的身影，一会儿翻看那些火炉上的生肉，一会儿又要照顾炭炉上的奶茶，茶滚了还要放进那些碧绿的薄荷叶，再加入方块的硬糖。倒茶时，他将茶具举过头顶，茶水弧度很优美地倾斜而下，又准确地落入小小的茶杯之中。三毛感叹，这个小小的孩子竟然能做到如此滴水不漏，这功夫他要练多久？或者他工作了多久才能如此娴熟？

茶倒好了，他再跪在地上，一一地举给客人喝。脸上依然保持着卑微的笑。

拐回头，他还要去照顾那些烤肉。同样，肉熟了之后，他也会高举过头顶，跪送到客人面前。

就是这样，同来的一对西班牙太太还向男孩子发令，说奶茶太浓，让男孩子出去买汽水给她们喝。

那只是个孩子，如此周到的伺候已经是很难得，很让三毛感到羞愧，可是他们竟然还提出如此无礼的要求，三毛不免替她们感到害臊。于是，三毛尽量地帮助孩子工作，把位子挪到身边，替他做些事，不至于让孩子太过手忙脚乱。

那些西班牙太太完全和三毛不一样，她们不停地找事，一会儿说喝汽水，一会儿又嫌地下太硬，要坐在椅子上，而买汽水、搬椅子的事，阿里都喝令男孩子来做。男孩子惶恐不安地买汽水、倒茶、搬椅子、烤肉，来来回回地折腾着。

三毛看不下去，站起来对阿里大叫说："阿里，你自己不做事，那些女人不做事，叫这个最小的忙成这副样子，不太公平吧！"

阿里很平静，一边吃着孩子烤的肉，一边说："他要做的还不止这些呢，今天算他运气。"

三毛很不解："他是谁？阿里，说嘛！"

荷西拉着三毛的衣角，示意她坐下来。她早已愤愤地坐不下去了，为了那个孩子。"他不是家里的人，为什么在这里？他是邻居的小孩？"

荷西轻轻告诉三毛说："他，是奴隶。"

奴隶？太可怕了，这都什么时代了，竟然还有奴隶，那应该是奴隶社会才有的。三毛惊得顿时张大了嘴巴。

原来，在撒哈拉确实还保持着奴隶社会的风气。不知多久前，一些黑色皮肤的人来到这片沙漠，在一个夜晚被当地人捉去后，就世世代代在这里为奴，他们的孩子就像孪生物一样，生下来就注定了一辈子是当地人的奴隶。这些奴隶被主人拿来为政府或者私人打工，而收入却落入主人的口袋，奴隶则靠政府或者老板的施舍糊口。

三毛的心无比沉重，都什么年代了，人类竟然还在干这样的事情。那天离开时，三毛看到小男孩单薄的身子站在主人身后的墙角处，用温柔的眼神看着离去的三毛，三毛的心被狠狠地刺痛了。

三毛折回小男孩的身边，希望自己能为他做些什么，以弥补这个世道对他的不公。可是想来想去，三毛也没有什么辙，只有拿出身上仅有的二百元钱，悄悄地塞进男孩子的口袋里。虽然这是三毛最鄙视的一种施舍方式，可是除此之外，三毛觉得自己真的无能为力。

谁也不是只手撑天的人，人的力量在需要时，总是感觉很渺小，此时的三毛最希望给予男孩子的一定是自由，可是她办不到。

之后，三毛确实为此事特意去了本地的法院，她想要就本地人公然蓄奴事件，提出抗议。可惜抗议无效，西班牙人对此也无能为力。

那天晚上，三毛独自在家，听到了三声很是轻柔的敲门声。三毛听得出来人很礼貌，一时又想不起来哪一个当地人会如此文明。

开门后，三毛才发现是一个并不认识的中年黑人。

看到三毛，中年黑人很礼貌地弯下了身子，双手举在胸前，一副虔诚的样子。那是沙漠里的大礼，三毛不明所以，只看到黑人身上的衣服很破烂，一条条地挂在身上，像金庸笔下的乞丐服。最显眼的是他满头的白色，与他黑色的皮肤对比很是明显。

三毛记得自己从来都没见过这个人，更不明白，他深夜所为何来？

当三毛开始问他是谁时，男子明显听懂了。可是一张口，却是呜呜哑哑的声音，原来男子竟然是个哑巴。他不停地比着手势，三毛却越看越糊涂。直到男子拿出了二百元钱时，三毛才明白，那是自己给小黑奴的钱，而他是黑奴的父亲，此来的目的是还钱。

三毛忽然就感动了，她知道那些钱对她来说不算什么，可是对黑奴一家来说有可能是巨款。可是，他们竟然在连件完整的衣服都没有的情况下，把这笔巨款送了回来。三毛不收，那是她给小黑奴的，是感谢小黑奴那天勤快地为自己服务，那是他应该得到的。男子见三毛不收，继续把钱推给三毛，三毛依然不收，两个人来回地推让着。最后看三毛态度坚决，他才又一次弯下腰，双手合十向三毛行了个礼，谢了又谢后，方肯离去。

第二天晚上，三毛就在自己的门前发现了一颗青翠碧绿的生菜，上面还有晶莹的水珠，可见送菜人的心思，三毛不用猜就知道那一定是那个哑奴送的。三毛一直帮助附近的人，哑奴是第一个懂得回报的人。

那颗生菜，三毛把它像花一样放在水瓶里，舍不得吃。

再次遇到哑奴，是邻居要修房子，而那个水泥匠竟然是哑奴！他没有分文的收入，还要顶着五十多摄氏度的高温干活，太阳毒辣得像火山喷薄而出的岩浆，将哑奴淹没。三毛躲在屋子里，把门窗关闭得紧紧的，不时还用冰块敷在脸上。可是，在这个八月夏天的午后，三毛还是差一点热晕过去。

而邻居阳台上的哑奴呢？他还在工作吗？

阳台上一览无余，阳光肆意炙烤，片叶不遮。哑奴头顶着烂得不成样子的草席，靠在墙角，把头埋在腿窝里，就像一只不会挣扎的濒临死亡的狗一样。

三毛拉掉盖在哑奴身上的破草席，让他跟着自己走。短短的几秒钟，阳光灼伤了三毛的手臂，三毛几近晕厥。三毛用手势告诉他，下去，并指了指自己的家。哑奴很缓慢地站了起来，他朝三毛的手指看去，却一脸惶恐的样子，脸上明显写着"不敢冒犯"四个字。三毛实在受不了那个热，不管不顾地拉着他的手下了天台。却发现他另一只手里拿着的竟然是一个干得像石头一样的面包。

　　哑奴站在三毛门外，不敢进去。热浪一波波地涌来，三毛没法子，只有在走廊的阴凉处给他放了一床草席。然后，三毛跑到冰箱里拿出了冰冻的橘子水、新鲜的面包，以及奶酪。

　　哑奴只是把自己的那个干面包吃了下去，喝了一丁点的橘子水，估计实在渴得受不了了，三毛拿出的其他东西，他一样都没动。

　　三毛有点生气，问他为什么不吃？

　　哑奴站起来比画着，三毛这才明白了，他不是嫌那些东西，而是要把那些东西带回去给妻子和孩子吃。

　　三毛顿时感觉两眼有点湿，她马上找了个口袋，把冰箱里的许多食物，一一塞了进去，让哑奴带回家。一想，哑奴还要工作，重新把袋子放回冰箱，然后告诉哑奴，收工了再来取。

　　哑奴拼命地点头，脸上喜不自禁，却忽然有泪落下。他活了大半辈子，从来没有人把他当人看，而眼前的东方女子，如此地对他，怎么不让他感动？

　　后来，三毛与荷西去过一次哑奴的家，在镇外一个很荒僻的沙谷边缘，一个破烂得不能破烂的帐篷里。

　　哑奴的妻子精神不太正常，她的上身几近赤裸，下只围了个破烂得分不清颜色的布块。但这并不妨碍哑奴对她的好，除去之前那个八九岁的小男孩，哑奴还有两个更小的孩子。

他们一直安静地坐在哑奴的怀里，一边啃着自己的手指，一边看着三毛和荷西。

这是一个贫穷得连人身自由都没有的家，这是一个他们自己感觉幸福的家。有牵挂，有亲情，有支撑着活下去的希望。三毛离开时，忽然觉得哑奴不是一无所有的，他至少还有自己的爱，一直愤愤不平的心，才有了稍稍的平静和欣慰。

可惜就是这样最原始最简单的幸福，哑奴最后也失去了。

那是沙漠里少见的一场大雨之后。离此地很远的一个叫作毛里塔尼亚的地方竟然长出了很多草，那里的人急需要一位会管理羊群和骆驼的能手。而哑奴不仅会这些，还精于接生小骆驼。哑奴被主人卖了，当他的主人在用手指数着钱时，他已经被人捆住了手脚装上了车。

三毛听到消息赶到时，哑奴坐在车子上，像一尊没有灵魂的雕塑，面无表情地看着远方。即使是一直被认为是朋友的三毛，他也视而不见。

一切都不可逆转了，三毛唯一能做的就是给哑奴一些钱，还有自己那块漂亮的毯子。

三毛看到哑奴哆嗦的嘴唇，不停地抖动着，他的眼里没有泪，挣脱了捆着自己的绳子，接过三毛的毯子，拼命地朝着家的方向跑去。

人们看到哑奴跌跌撞撞地跑到家里，把毯子围在太太和孩子身上，一面兴奋地让他们摸摸毯子，一面把那些钱交给妻子。从来都没见过毯子的哑奴妻子和孩子高兴地叫着，哑奴一改之前的面无表情，咧开了嘴，三毛看到他雪白的牙齿。

几个人冲了过去，他们以为是哑奴要逃，他们迅速地把哑奴再次押上了车，刚才的兴奋还在，这一刻却要面对无尽的分离。三毛看不到他的泪，只看到他的嘴唇又开始新一轮的哆嗦……

第六卷
梦里不知身是客

有了人的地方，就有了说不出的生气和趣味。

最是难解的
婆媳关系

三毛语录：远芳侵古道，晴翠接荒城；又送王孙去，萋萋满别情。我终于杀死了我的假想敌，我亲爱的维纳斯婆婆，在号角声里渐渐地诞生了。

结婚从来都不是两个人的事。三毛与荷西在撒哈拉登记结婚了，虽然不算是私奔，可是结婚那天，只有他们两个人，双方家庭谁也没有出席。

三毛对自己的家庭是了解的，他们民主、善良，尊重她的任何决定，所以之前三毛写信回去告诉妈妈和爸爸，自己要结婚了，在撒哈拉，与西班牙籍的、小自己六岁的荷西结婚了。三毛的父母对于这个浪迹天涯的女儿无论做出什么样的事情，都免了惊讶。听说三毛终于可以安定下来，他们悲喜交加，对荷西的接受大过猜忌和审视。

荷西的家庭呢？那个远在马德里的地方，子女八人，竟然有五个结婚前不和自己的父母商量，甚至不告知他们。这是一个什么样的家庭？连最重要的成员，一生最重要的婚事，也要隐瞒吗？是他们的父母过分专制，对儿女的结婚对象要求过分严格吗？

三毛不清楚，那是荷西的事情。结婚时，她觉得只要能和荷西一起天长地久就行了。

可惜，荷西不是孙猴子，不是从石头缝里蹦出来的。三毛即便是不顾忌他们天高皇帝远，也要考虑下荷西身为人子的责任。所以，与荷西结婚后，三毛每周都会写一封信寄到荷西的父母也就是自己的公婆处，告诉他们自己和他们的儿子生活起居、工作、饮食等等，一一细细转述，以便那未曾谋面的公婆对自己的儿子的方方面面都一一了解。毕竟，是自己带走了他们的儿子，儿子不在他们身边，这些至少是个安慰。

公公貌似如荷西一样，比较好打交道。很快，三毛也能收到公公的回信。

但是，三毛一直没有收到过婆婆的回信，她还一直在生自己的气吗？结婚半年，每周寄一封信，却从来没收到过婆婆的只字片语，她一定是怪三毛抢走了她最心爱的小儿子吧！

　　每次，三毛都很满怀希望地写信寄信，却每次都是失望。婆婆在三毛的心里变成一个顽固不化的保守派人士，三毛对她又敬又畏。好在，婆婆远在天边，倒不足为虑。只需要在沙漠里与荷西过着幸福的生活就行了。

　　沙漠冬天快来临时，荷西对三毛说："圣诞节到了，我们要回家去看母亲。"初听这句话时，三毛是兴奋的，离家太久了，她确实是想念妈妈了。可是荷西话里的妈妈是哪个妈妈呢？三毛紧跟着问："是哪一个母亲？你的还是我的？"荷西很艺术地回答："我们的。"是的，都结婚了，一切都是我们的。可是三毛知道自己失望了，我们的其实就是荷西的。

　　要回去见那个婆婆吗？那个自己写了半年信，只字无回的婆婆吗？她会是过去的那个说一不二，只爱儿子，却往死了欺负媳妇的恶婆婆吗？一想到这些，三毛感到不寒而栗，这太可怕了。

　　忽然之间，所有的假想涌上了三毛的心头。比如，突然生病，那个最无用的阑尾突然发炎了，不得不住院手术，宁愿做手术也不要去见恶婆婆；或者闪了腰，骨折了，所有能想到的借口，只为将此行变得遥遥无期。

　　所有的苦肉计都不能阻止归期，不论你发生了什么，荷西一定会在12月12日，圣诞前，逼着三毛一起坐飞机回去。

　　好吧，有句老话说得好，丑媳妇总要见公婆。三毛做了荷西的媳妇，她迟早得面对荷西的家庭。

可是，那个家庭有个比较让人头疼的人物——婆婆，怎么才能与她相处，而不让她对自己有成见呢？

三毛自小生在比较开明的家庭，家庭教育一直告诫她，做人首先要自省，要设身处地地为别人着想。

好吧，婆婆将是三毛最大的假想敌，三毛要做的就是"征服"她。当然，这是加了引号的征服，就是用自己的爱意和行动，去感动婆婆。

下了飞机，三毛还是胆怯了，躲在咖啡厅里不肯出来，越接近婆婆，三毛的心就越虚。喝了三杯汽水，依然不肯离开，还暗地里祷告着饮料里大肠杆菌超标，最后直接把自己送到医院里。

那是一种什么样的感情，环境恶劣的撒哈拉都不怕的三毛，竟然害怕那个从未谋面的婆婆？因为爱屋及乌吧！因为荷西，婆婆也成了三毛心中的重中之重。

终于站在婆婆家门前时，三毛的双脚都在颤抖了。终于要见面了，终于要难堪了，三毛竟开始语无伦次起来。荷西一点都没注意三毛的状况，他早已被归家的喜悦充满了头脑，对她也是不管不顾了。

荷西拿了钥匙开门，一边往里冲，一边大叫着："爸，妈，我回来了！"完全是一副归家的浪子相。

三毛依然站在门外，看着那条室内长廊，竟然不敢越雷池半步。只是呆呆地立在原地，想笑，却觉得整张脸都是僵硬的。

突然，那条静静的走廊，忽然人满为患了，为首是上了年纪的公公，第二个就是三毛一直假想的敌人——婆婆，之后是小姑、大哥、二哥……一大堆人，你推我挤地跑了出来。三毛没想到荷西的家人是如此的热情，也顾不上多想，赶紧地迎了上去。

就这样，三毛顺利地进入了荷西的家——自己的婆家。

"父亲，母亲，我做了很对不起你们的事，请原谅。"这是三毛进门说的第一句话，拐走了他们最亲爱的儿子，三毛过意不去，所以这发自肺腑的道歉话，三毛说得得体又入骨三分，先承认自己的错误，给对方一个原谅自己的机会。

可是，三毛从来都没把提着的心放下来。在自己父母家里，你可以为所欲为，一觉可以睡到午后，可以蓬头垢面地出现在家里任何一个地方，没有人会说她什么，一切都无可厚非。换个国家，也就是所谓的家里，婆婆家，再也不能随心所欲了。只要听到婆婆起床了，不论多么瞌睡，她也得爬起来，赶在其他家人起床之前，把要做的家务，比如做早餐、抹桌子、打扫卫生等等，一一完成，保持着一个完美的媳妇形象。这样才能让婆婆放下心来让三毛带走她最爱的儿子。

　　这样还不够，三毛还要谨言慎行，不能在婆婆面前与荷西说过分亲密的话语。看到婆婆与荷西话家常，也要远远地躲起来，找其他事做，千万不要打搅他们的谈话。

　　婆婆看上去是位修养极高的人，并没对三毛态度恶劣，倒是还有几分体贴。但三毛还是忐忑不安，婆婆越是客气，三毛越是谨慎。

　　圣诞节终于要来了，三毛暗暗高兴，过了圣诞就是归期了。忐忑不安的日子终于可以结束了。黎明前的黑暗是最难熬的，圣诞节的聚餐成了考验三毛的最佳时机。婆婆三天前就算好了人数，七大姑、八大姨，加上自己家的兄弟姐妹，乖乖，三十七口的大团圆呀！那得用多大的锅？得多大的桌子？不过，三毛不怕，最艰难的时候就是最考验自己的时候，还能长了自己的脸，给婆婆一家瞧瞧，她三毛放哪儿都行，样样都不比别人差，荷西算是打着灯笼找到了位好媳妇。

　　圣诞前一天早上，三毛就拎着三个篮子和一个小拖车去采购差不多一营人的伙食。这样艰巨的任务，三毛很想找个帮手。婆婆忙着整理要用的餐具，小姑早已不见了踪影，荷西赖在床上。三毛刚把要他一起去菜场的话说出来，婆婆就出现了。荷西一反常态，马上很男人地拒绝了三毛。三毛很委屈，却没有人可以诉说，还要一个人去菜市场采购那些足可以堆成山的食物。

圣诞那天的早上，婆婆做头发去了，小姑会男朋友去了，大哥二哥滑雪去了，荷西还赖在床上。这个家竟然没人主持圣诞大餐的大局，一切都留给了三毛。

婆婆本来就是甩手掌柜，还是特意给三毛出的一个难题呢？三毛原本也可以做下甩手掌柜的，可是仔细一想，这么好的机会，如何不大加利用一番呢？三十七位近亲，让他们都尝尝三毛的手艺，看看三毛的超人本事！

不就是把那些生的东西做成熟的吗？三毛惧怕过什么？她手里有本《媛珊食谱》，不仅能做熟，还能做到色香味俱全，正好杀杀婆婆的锐气，告诉荷西的所有亲朋好友，自己从来都不是弱者！

圣诞大餐圆满成功，所有的人都在夸奖三毛，说她烧的中国菜确实地道，想学习学习！

三毛心里想，圣诞节过后，12月26日已定为归期了。她再也不用给他们烧中国菜、伺候他们了。

可恨的是荷西竟然乐不思蜀了，不知什么时候开了个"重感冒"的条子，自个儿就在一群人中间公布了离开的日子，确定为1月6日！三毛吃了荷西的心都有，此刻她是如此想念沙漠里的家。十天，硬着头皮熬吧！

三毛期望着美好的1月6日快点来临，而婆婆却一天天地悲伤起来，那是她最疼爱的小儿子离开的日子。三毛不敢轻易招惹她，怕她以为是自己拐走了她儿子。三毛也不敢轻易地表现出自己将要离开的兴奋，还没出笼就想振翅高飞，肯定会摔个胳膊断腿折的。

婆婆是圣诞过后送三毛礼物的，礼物是一本《西班牙春夏秋冬各季时菜大全》。三毛表面上很仔细地翻阅着，脸上惊喜连连，心里却想着，这哪是礼物呀，分明是婆婆要她这个儿媳如何善待自己的儿子。可怜天下父母心！婆婆疼儿子，虽然对自己有点不公正，三毛还是理解地道谢，并亲吻了她。

离别的日子终于到了。那天，公公找个理由去散步了，不知道是不是不想看到离别的场面。婆婆的表情却冰冷如霜。想着就要离开，心虚的三毛不敢面对婆婆，低头换鞋，只愿难挨的时间赶紧过去。

突然，小姑奔跑着上楼，大叫着："车来了，车来了。"一听车来了，婆婆瞬间像变了个人，她一把抱住三毛，哽咽不已地说："儿呀，你们一定要快快回来，沙漠太苦了！这儿有你们的家，妈妈以前误会你了，现在妈妈是爱你的了。"

还是冬天，尚未入春，三毛忽然觉得，一片杏花春雨点点地湿了自己的脸颊。

沙漠之难

三毛语录：车子很快地在沙地上开着，我们沿着以前别人开过的车轮印子走。满铺碎石的沙地平坦地一直延伸到视线达不到的远方。海市蜃楼左前方有一个，右前方有两个，好似是一片片绕着小树丛的湖水。四周除了风声之外什么也听不见，死寂的大地像一个巨人一般躺在那里，它是狰狞而又凶恶的，我们在它静静展开的躯体上驶着。

荷西不知道是听谁说了迷宫山，突然有一天就心血来潮了，下了班开着车到了家门前，连车都没下，就使劲地在车子里按喇叭招呼三毛出去。

在家待了一天，盼着荷西早归的三毛一听他回来了，飞也似的想奔出家门，想投入他的怀抱。荷西隔着车窗问三毛，想不想要化石，沙漠里的，那些有可能是乌龟或者贝壳的化石。

三毛一直都知道，很早很早以前，沙漠有可能是一片海洋，这里也有可能有几亿年前或者更早的海洋生物化石，这太振奋人心了！

当然想要了，无须思索。

而 O 型血的荷西更是个急性子了，车子都没熄火，只等着三毛跳上来，就开向寻找化石之路了。

三毛原本是要准备些东西的，比如出门时应该必带的预防危险的东西。可是，急性子的荷西，一直在门外不停地按着车笛，催促着三毛。无奈的三毛只是随手拿了挂在门边的皮酒壶就跳上了车。

通往迷宫山的路大约得开两个小时，而此时已是太阳下山的时间了，再加上找化石的时间，回来时将是晚上十点多，荷西在车上自顾自地计算着时间。

听到荷西的话，三毛的心隐隐地不安起来，毕竟在沙漠里，到了晚上，天寒路远，路生不熟，十分危险。三毛差点就想抗议了。可是，看到荷西正兴致勃勃地吹着口哨，他是个执着的人，根本不听劝告，三毛只好咽下了想要说的话。

车子驶出检查站后就是一片大漠，根本就没路，只有沿着之前的车辙行驶。此时，太阳已经快要落山了，落日的余晖染红了沙漠，眼前不时就会出现沙漠里常有的海市蜃楼。

三毛在沙漠待久了，对海市蜃楼也见怪不怪了。此时，她更加关心的是除了风在狂叫之外，已然看不到任何生物的前方，会有什么命运在等着自己。

看着沉寂如死了的一片荒漠，想着人们在这里不停地寻找着想要的东西，挖它的根，找它的化石，在这里扔废弃物，还有如此时自己和荷西一样用车轮一遍遍地碾压着它的身体，三毛悲伤的诗意就泛了上来。

"我在想，总有一天我们会死在这片荒原里。"三毛叹口气望着窗外伤感地说。

荷西一边开车一边问："为什么？"

"我们一天到晚跑进来扰乱它，找它的化石，挖它的植物，捉它的羚羊，丢汽水瓶、纸盒子、脏东西，同时用车轮压它的身体。沙漠说它不喜欢，它要我们的命来抵偿，就是这样——呜、呜——"三毛一面说一面用手做出掐人脖子的姿势。

荷西才不信三毛又胡说八道呢，只是"哈哈"一笑而过，却不想，三毛的话几乎在那晚一语成谶。

不知不觉中，窗外的气温已然下降了，迷宫山也到了。迷宫山是附近三百公里内唯一的群山，这些山其实就是由沙堆积而成，呈弧形，从外表看是一模一样的，间隔的距离也大致相同，很容易迷失方向，想来迷宫山的名字便由此而来吧！

荷西开着车，过了第一座迷宫山，三毛朝外面仔细地观察了下，她担心回来的时候会走冤枉路，所以存心想记住来时的标记。可是，四周除了沙还是沙，根本没有标记可寻。三毛正忐忑着要不要往前走，天就要黑了，太危险。

可是荷西说，离那个化石还有十五公里了，不能白跑一趟。

好在有太阳在身后做标记，那些迷宫山很快就过去了，竟然没有迷失方向。

再往前，车辙印也没有了，这是一片无人到达的地方。三毛不无担心地劝荷西，回去吧，化石再美好，安全第一。

荷西依然如故。车开了两三里，眼见着前面出现了一片深咖啡色的土地，在一片黄沙之中特别显眼。是不是到达化石基地了？

两人跳下车，才发现，那地上的竟然是一片湿润，太不可思议了，沙漠里竟然有湿润的土地，三毛不明其理。

因为不熟悉地形，荷西建议自己跑着在前面探路，三毛开着车跟在后面。

三毛开着车，打开了大灯，荷西在前面领跑，三毛缓缓地跟着，就这样一点点地前进着。荷西貌似越跑越快了，车子在湿地上并不好走，荷西有时会倒退着，叫三毛开车跟上。三毛开着的车灯的光芒照在荷西前方的路上，忽然，三毛看到，那些泥土上竟然有泡泡在冒气，是什么情况？

三毛感觉不对劲，大叫着让荷西停下来，但是已经迟了，荷西就这样倒退着掉进了身后的泥沼里，确实，那是一大片的泥沼地。荷西刚一掉进去，泥沼就漫过了他的膝盖，他大吃一惊，想赶紧提足离开，却不想泥沼迅速地向荷西包围过来，刚才还在膝盖处的泥已然没到了他的大腿处。

荷西出于本能地挣扎着，却不想泥沼就像有吸力一样，越挣扎吸力越大。短短的几秒，荷西已然被泥沼拉出去了好远的距离。

三毛更是惊得不能自已，她如同被冻住了一般呆呆地站在一边。可是，眼前的荷西分明就沉在泥里不能自拔了。难不成看着荷西就这样被沼泽吃了吗？

这时，她看到离荷西不远处，有块突起的石头。三毛大叫着让荷西赶紧抱着石头，这样至少不会沉下去，可是，气温如冰，荷西陷在泥沼里，即使不被泥沼吞没，也可能会被冻死。看到荷西暂时没有性命之忧，三毛连忙跑回车厢寻找可将他拉回来的东西，可是这才发现应该带的东西都没带出来，甚至连一根拉荷西的绳子都没有。荷西还在那儿等着她来救呢，可是四周除了石子就是沙了，根本就没有工具，此时的三毛急得四处奔跑寻找绳子或木板。

当三毛还在想怎么救荷西时，深陷泥潭的荷西竟然怕冻坏了三毛，催促着让她赶紧上车暖和一下，他一定是感觉到入骨的寒意了吧！

不能让荷西就这样冻死了，三毛朝荷西大声地喊道："荷西，你得动动，要不会冻坏你的。"

荷西在泥里动一下也是极困难的，可是又怕三毛担心，听到她叫自己，就勉强地动一下，以示配合。

天空已经变成了淡灰色，三毛在抉择着。如果回去叫人帮忙，这一来一回，路上得几个小时，荷西待在泥水里受得了吗？

三毛忽然就束手无策了，不知道应该是回去找人来救荷西，还是应该陪在这里。两样都需要，两样又都觉得不妥。三毛这时候才感觉能力的渺小，恨不得有分身术，一个可以留下来，一个可以回去找人帮忙。

就在三毛着急得不行时，远处的地平线上，忽然有车灯一扫而过。沉浸在绝望里的三毛好一会儿才反应过来，有车子过来了，竟然有车路过这鸟都不拉屎的地方了。

三毛首先想到的就是把这个好消息传递给荷西，让他能挺住，然后跑回车里使劲地按喇叭。三毛像疯了般，怕那些路过的人注意不到，又赶紧地把车灯打得一明一灭来吸引他们的注意。之后，她又站在车顶上挥动双手大叫着。是的，这是唯一的希望，绝对不能让他们消失。

三毛的希望，是让那路过的车、路过的人能帮助自己，搭救荷西，却没想到她努力召唤来的却是一场差一点就灭顶的惨案。

车终于在三毛手忙脚乱中朝着三毛的方向开来了。那是一辆沙漠里常见的跑长途的装货物用的吉普车，三毛看到车上有很多木箱，那些箱子上有三毛此时最想要的绳子，三毛心里想，谢天谢地，荷西有救了。

车子在距离三毛的车三十米的地方停下来了，从车上跳下了三个男子，他们就站在车旁边，没有要过来的意思。三毛知道，长久在荒漠里跑，他们早已戒心重重，在没弄清状况的情况下，他们是不会轻易接近的。

三毛指着泥沼里的荷西说："帮帮忙，我先生掉在泥沼里了，请帮忙拖他上来。"刚才的剧烈运动使得三毛早就体力透支。

那三个人，根本没有理三毛，却用土话彼此交流着。三毛听懂了，他们的话语里透露着惊喜，一直在说"是女人，是女人"。三毛以为他们在放松警惕，对一个女人，没必要防备。

三毛希望他们能快一点，荷西在泥水里太久，她担心他受不了："快点，请帮帮忙，他快冻死了。"

一个男人说："我们没有绳子。"他明显在撒谎。

三毛也顾不上了，直接指着他们头上缠绕的头巾说："你们有缠头巾，三条结在一起可以够长了。"

"你怎么知道我们一定救他，奇怪。"另一个男人说。

三毛原本还是求他们的，这是唯一的希望了。可是，此时在车灯的照射下，三毛看到对方的眼里，竟然在上下地打量着自己，那眼神里分明藏着太多的不怀好意。

三毛忽然担心起来了，她想扭身走开，忽然有个男人一扬头，另外一个迅速地跳了起来，一把抱住三毛的腰，另一只手已然摸到了三毛的胸部。

三毛大惊，这些乘人之危的混蛋，不但不帮助自己，竟然还想要强暴自己吗？

三毛本能地大叫着，一面挣脱着，荷西也看到了，三毛听到他带着仇恨、无比大声地叫着："我杀了你们。"荷西冲动着，想奋不顾身地冲出沼泽地，可是离开那块石头，荷西就要完了。

三毛急了，大叫着，不要不要，她是让荷西不要离开那块石头，没想到那三个人此时也把注意力放在荷西身上。这空当，三毛举起脚就朝控制自己的那人下腹狠命地踢了过去，那人不防，一声惨叫，就蹲了下去。

三毛乘机跑了出去，拼了命地朝车子的方向跑去。

那三个人看三毛跑了，并不急，慢腾腾地上了车。他们以为，在这空旷的地方，一个弱小的女子，再跑也跑不出他们的手心。所以，他们不担心，任三毛做困兽之斗。

他们错了，没想到三毛一个女子会开车。三毛已然跳进了车里，她在车里看了一眼荷西。荷西正朝着她大叫着，三毛，跑，快跑。三毛的心就像被鞭子抽了一下似的火烧火燎的痛。顾不上说话，三毛一脚踩在油门上，那车就如离了弦的箭，唰的一下就冲了出去。

三毛一手提住方向盘，一面将四下的车门紧紧地锁好了，又转手去车座下摸荷西用来防身的那把弹簧刀，刀子在手后，心才稍稍地放下来。那三个人才不会让三毛轻易地逃出手掌心，三毛努力地逃，他们紧紧地追。

三毛疯狂地开过一个又一个像山丘的沙堆，却甩不掉跟在后面的破车。不得已，三毛不得不在那些一模一样的沙堆里穿来穿去，只希望能摆脱后面的车子。可是，那辆吉普车像会定位一样，不是从后面跟上来就是从侧面横冲而来。总之，无论三毛如何疯狂地踩油门，都不能甩开他们。

一定是车灯的原因了，黝黑的夜晚，那束车灯的光是黑夜里唯一的光源，隔几公里都能看到。想要摆脱吉普车的唯一的办法就是找个合适的地方，再适时地关上灯。

想到这里，三毛赶紧狠狠踩油门，冲向身边的一个沙堆。在吉普车还没跟上来之前，三毛就熄了火，静静地一口大气都不敢出地看着窗外。她的双手一直都停留在钥匙上，只要稍有动静，就赶紧发动车子逃离。

这时候，三毛多么希望，自己的车子是黑色的，哪怕是深一点的墨绿色也行呀。可惜它却是一辆白色的车子，原本买车子时就想着车子在沙漠里可以显眼些，有危险容易让人发现。可是，现在要的偏偏却是不让人发现，真是事事都有出人意料的时候。

因为三毛关了车灯，那辆吉普车一下子就失去了三毛的方向，像一只没头的苍蝇一样在沙堆与沙堆之间来回地打转着，好在每次都与三毛停车的地方有些距离，三毛没被他们发现。

多次寻找无果后，吉普车在沙堆里转了几个圈子，就加大油门向前方追去了。

三毛不确定他们是不是真的离开了，又爬到最近的沙堆上，看着那车远去，才放下心来。

三毛爬回车里时，才发现自己一身的冷汗。但此时，三毛却没时间抱怨了，荷西还在泥沼里，自己又回到之前的问题上，现在是回去找人帮忙，还是和荷西在一起，生一起生，死一起死呢？

抬头看天，是个璀璨的夜晚，天空群星闪烁，正好方便判断自己的方位，此时的迷宫山倒比白天时容易认准方向了。

往西走一百多公里，如果顺利的话，一个小时就可以找到救援的人。但就算及时赶回来，也不知道荷西能不能挺住。

三毛不敢往下想了，现在只有一条路能救荷西，抓紧时间，快去快回。可是，三毛不保证自己能顺利地返回原路，她四下里寻找可以做路标的东西。可是，荒山之地，除了沙还是沙。三毛想了想，决定把车后座的那个坐垫拆下来，扔在这里，大风也不会吹跑了，可以做一个标志。

三毛已然踩着油门了，那个坐垫被三毛扔在地上。三毛回头又看了一眼，就准备离去了，忽然产生一个灵感，那个坐垫完全可以放在泥沼里，它面积那么大，一定沉不下去……想到这里，三毛的心狂跳不已，赶紧下了车，把那个坐垫又重新搬了上去。这次再也没有犹豫了，三毛转了个方向，朝着荷西的位置开去。

回去的路还是陌生的，不得不沿着车辙走。可是，刚才为躲避那些人时已然把那条路碾了好几遍，等到再开到泥沼地时，荷西不见了。

除了车灯的两束光，四周依然是漆黑一片，那些泥沼依然吐着之前看到的泡泡，漠不关心地与撕心裂肺的三毛对峙着。

荷西，荷西，三毛大声地叫着，那些泡泡就像是魔鬼一样，吃了荷西，还要打着饱嗝吗？

夜，冷得出奇，刚刚被冷汗贴在身上的衣服如刀般冰冷。恐惧、绝望、冰冷，一下子朝三毛压来。三毛身子不自觉地抖动着，像深秋里挂在树枝上的最后一片枯叶。

时间就像静止了一样。不知道过了多久，那低得不能再低的叫声，隔着沉寂的夜空传了过来："三毛——三毛——"

那是荷西的声音，尽管如此虚弱，但三毛听得清楚，那是荷西，他还在。

三毛把车子缓缓地朝前开，直到不能前进。用车灯朝那片泥沼搜索，那块石头还在，荷西也在，只是刚才三毛停错了方向，差一点就吓死了自己。

确定荷西还在，三毛赶紧把那个坐垫抱了出来，尝试着慢慢地下到泥沼里，在泥沼淹不过小腿的时候，就把坐垫抛了出去。不幸的是，坐垫离荷西还有一段距离，他够不着。

车上还有备胎，三毛又赶紧地抱出来，一边对荷西说："荷西你撑一下，我马上拉你出来了。"备胎扔出去了，虽然离荷西近了些，可是那段距离还不够把荷西拉出来。不怕，车子还有四个备胎，三毛加快了速度，没有时间了，荷西等不及，三毛也等不及了，巨大的体力透支让她清楚地意识到，自己必须坚持下去，不能倒，无论是思想还是身体。

此时寒冷更甚，而荷西竟然一动不动了。绝对不能让荷西睡着了，三毛怕他一睡，便再也不会醒来了，于是她用石子打向荷西，将他惊醒。

四个轮胎，三毛只用了几分钟就拆下来了，一一抛进泥沼里后，竟然离荷西还有一段距离，这一场面让人不由得感到了绝望。

三毛焦急得几乎快倒下了，低头的刹那，她看到了身上的长裙，刚才出来时急，忘记换衣服了，长裙撕开后正好可以当长长的绳子用。

三毛脱了裙子，把裙子一条条地撕开，再一条条地结在一起，试着拉一拉，足够结实了。三毛站在轮胎上，把做好的绳子抛给荷西，十分幸运的是，他稳稳地抓住了绳子。

三毛那提着的心一下子就松下来，整个人也像软面条似的瘫坐在轮胎上，哭了起来。哭了几声，她又想起荷西还在泥里，就赶紧拉绳子，想要将荷西拉回岸上，可这时的她，全身软得一点劲儿也没有。荷西看在眼里，知道三毛没力气，就让三毛把绳子绑在轮胎上，他可以在那边用劲往轮胎那儿划，三毛只有照做。

荷西划到一个轮胎旁后，再绑另外一个，而那些轮胎也得重新拉回到岸上，回去的路还得靠它们呢。

经过了一番艰苦挣扎后，荷西终于爬上了岸，他虚脱地倒在地上，因为在泥沼里冻得太久了，双腿早已麻木得无法行走。

三毛想起那个皮酒壶，赶紧跑到车上拿来给荷西喝了两口。在冰凉的夜，这些酒的作用不言而喻。

为荷西灌了几口酒后，三毛一边忙着拉轮胎、安轮胎，一边对荷西喊着："荷西，活动手脚，荷西，要动，要动——"

荷西潜意识也明白，他挣扎地在地面上慢慢爬着，整个脸憔悴得泛出了石膏般的惨白色，在车灯的照射下不禁令三毛感到毛骨悚然。

荷西爬到了车内，三毛也扔了起子爬进车中，在车内，三毛又让荷西喝了两口酒，然后开始用刀子割开荷西那沾满了泥浆的裤子，并用自己残破的裙子布料猛擦他的脚。接着，三毛继续在荷西的胸口用酒使劲地擦，擦了好久，久到一个世纪那么长，荷西的眼睛才慢慢地睁开，不过只一下就又闭上了。

此时，荷西的脸色已经不似之前那么苍白，有了些许的红润。三毛轻轻地拍打着他的脸，温柔地叫着他的名字。

此时，她多希望荷西尽快醒来，然后给自己一个忘情的劫后余生的拥抱呀！

又过了半个小时，荷西才悠悠地醒来，他看着三毛，脸色大变，像遇到了鬼般，嘴里不停地说着："你，你……"却语不成句。

三毛不解，荷西怎么会这个样子，追问道："我，我什么？"荷西终于说了一句："你——你吃苦了。"然后就流下了眼泪，紧紧地把三毛抱在怀里。

原来，荷西看到没有穿裙子的三毛，误以为三毛被那三个男人给侮辱了。

三毛大声地说："没有呀！我逃掉了，早逃掉了。"

荷西还是不相信："那你为什么光着身子，你的衣服呢？"

三毛才想起自己只穿着内衣裤，全身上下都是泥水。而荷西显然是被冻得失去了知觉，一直到完全苏醒才发现三毛未穿衣服。

有惊无险的一场劫难就这样结束了，回去的路上，荷西呻吟般地问三毛："三毛，还要化石吗？"

三毛无比坚定地说："要。"

三毛又问荷西要不要。

荷西答："我更要了。"

"什么时候再来。"

荷西强撑精神说道："明天下午。"

好像完全忘记了，刚刚他还在泥沼里绝望地挣扎。

　　三毛语录：灯光下，沙伊达的面孔不知怎的散发着那么
吓人的吸引力，她近乎象牙色的双颊上，衬着两个漆黑得深
不见底的大眼睛，挺直的鼻子下面，是淡水色的一抹嘴唇，
瘦削的线条，像一件无懈可击的塑像那么的优美，目光无意
识地转了一个角度，沉静的微笑，像一轮初升的明月，突然
笼罩了一室的光华，众人不知不觉地失了神态，连我，也在
那一瞬间，被她的光芒震得呆住了。

　　沙伊达是三毛在沙漠里遇到的最美丽的女子，她的美有
着无与伦比的魅力。三毛一直在想，这个在医院里工作的美
丽女人，将来会遇到什么样的男子，才能配得上她。

　　既然身为美人，传闻就多了。刻薄的女子总是在嫉妒着

她的美貌，三毛经常听到那些来自平凡女子对沙伊达的诬蔑。每当这时候，三毛总是很不耐烦地打断那些人的谈话，无中生有，只是听来的传闻，怎么可以不负责地传给他人呢？

这个沙漠一直是属于西班牙的殖民地，可是紧邻的摩洛哥也一直想着占为己有，所以这里的平静早已被打乱。

时局混乱，到处都能听到爆炸声。于是，人们纷纷猜测是沙漠里的游击队与政府军发生冲突。虽然人们都会有意无意地谈起这些事，但却很是轻描淡写，总觉得离战乱还很遥远。

奥菲鲁阿来拜访三毛时，沙伊达也跟着，那次正好荷西的同事也在，大家都被沙伊达的美貌震撼了，以至于沙伊达告别离开很久了，室里还是死寂一片，人们依然沉浸在这个如仙如幻的女人的美丽中，连同样是女人的三毛也为沙伊达的美而如痴如醉。

人们纷纷猜测，鲁阿是沙伊达的爱人吗？但三毛却感觉，即便鲁阿有着在沙漠里尊贵的身份，依然也配不上美丽的沙伊达。

撒哈拉的夏天是一年中最难熬的时候，气温酷热得令人难以忍受，漫天的风沙，像永远不会落地似的飘在空中。这样恶劣的天气，人迷迷糊糊什么事也不想做，只愿炎热的日子赶紧过去。

因为热，镇上的西班牙人纷纷回故乡避暑了。当地人也因为热无事不出门，一切都安静下来了。

如果荷西上班时没开车，那么下午三毛必定是会开着车出去的，她总是会去找沙伊达。两个人找个阴凉的地下室，一起说东道西地聊着，借以打发无聊的日子。

沙伊达在三毛眼里永远是神秘的，聊了好多天，每当沙伊达聊到父母双亡后都不会再讲下去，好像她的生命从那里忽然中断了。

而每次聊起这片土地的将来时，沙伊达便控制不了自己的情绪，她不愿意看到自己的家乡将来变成殖民地，更不敢想如果有一天真的独立了，那么多麻木无知的人民，如何去建设这里呢？

沙伊达的悲伤，三毛一直看在眼里，她从来不是那些世俗人眼里的样子，她在为这个地方的将来患得患失。但她坚信地说，会有一天，这里将结束殖民地时代，真真正正地独立起来。

那是一句很反动的、不合时宜的话。三毛都紧张了，而沙伊达只是淡然地笑了笑，无事人般，三毛却能看到她闪烁的双眼分明因感动而湿了。

和荷西开车出去时，大街上到处都贴着标语——撒哈拉万岁，游击队万岁，巴西里万岁！巴西里，就是三毛一直听说的游击队领袖。

"我们爱巴西里，西班牙滚出去。"这些都是撒哈拉人民的呼声，三毛和荷西是西班牙人，看着那道白墙上的殷殷红字，突然感到阵阵的惊慌。游击队已经来了，不知道他们会如何处理和他们一样的西班牙普通人呢？而他们仅仅是喜欢这里的天高地阔、大漠落日而已。

局势动荡，人人自危，荷西的同事聚会时，都有些惊慌失措，战争毕竟不是闹着玩的。所有的人都想着躲开这场动乱。荷西也建议三毛离开，毕竟对于女人来说，战争就意味着毁灭。

三毛深深地喜欢着这里，为什么要走呢？战争也是一场人生的经历，并且是不可多得的，三毛怎么舍得错过呢？

三毛依然像平时一样，有了空闲就去找沙伊达。这天，三毛路过航空公司时，那里排了长长的队伍，担心的人们都着急地争着离开。一些外来的陌生面孔都带着又大又重的行李以及扛在肩上明晃晃的摄像机，他们的身份昭然若揭，就是等着动乱开始时第一时间进行现场报道的记者。

之前安静的小镇，忽然变得躁动不安起来。一切都与往常不一样了。就连那个平时自己常常抱着洗澡的小家伙邻居哈力法，现在竟然会在三毛低头给他洗澡时忽然说："先杀荷西，再杀你，先杀荷西……"多么恐怖的话，竟然出自那个小小的孩童之口。

这个世界已经形成两个对立面了，即便过去是如何的相

168

亲相爱，如何的和睦相处。三毛感到一阵眩晕，心寒一波又一波地袭来。

鲁阿再来时，三毛一肚子的怨气。她也是平凡人，遇到诸多不公，心里难免有怨气的。鲁阿是来请她帮忙的，他想借三毛和荷西西班牙的身份带自己出镇。此时，游击队因为活动频繁，西班牙的警察全副武装在镇上的每个关口都设置障碍，过往行人必须接受检查才能通行。

三毛还对那个邻居小孩子的话耿耿于怀，一听鲁阿的请求，委屈、愤怒、悲伤与心酸便涌上了三毛心头，她顿时觉得十分恼火，便将怨气一股脑儿发在了鲁阿身上。她向鲁阿大声吼道："你要出镇，不要来连累我们。好歹总是要杀我们的，对，你们的心，喂了狗吃了。"鲁阿和荷西都不明白，平日里乐于助人的三毛今天怎么了。

三毛说了那句话后就忍不住流泪了，那委屈只有自己明白。曾经善良可爱的人们，因为战争忽然就面目全非了。战争原来这么可怕。

可是，想到鲁阿和鲁阿的一家都待自己不错，三毛又后悔刚才自己说的话了。人从来都是这样矛盾的，想别人对自己好，自己却凶了别人，心里甚是过意不去。

忙还是要帮的，和鲁阿一起出镇，果然有守卫把守着关口，还收了三个人的证件，三毛开始担心了，冒着这么大的风险，鲁阿出镇要做什么？

车子已然驶入大漠，不知道是不是因为早晨沙漠的寒意还在，还是因为别的，三毛忽然感觉到身体发冷，不自觉地找了个衣服盖在身上。平日里去了大漠，三毛会一直不停地看窗外的风景，而此时，她竟然不敢看了，怕那广阔无垠的地平线上忽然冒出自己不想看到的东西。与其这样，还不如在车上睡上一觉，免得担惊受怕。

一觉醒来时，竟然见到了鲁阿的弟弟，他是一早得到消息早早等在那儿接自己的哥哥了，还好一路平安。

远远地看着鲁阿家的褐色帐篷时，三毛竟然有种说不出来的感动。早上的凉意已去，天空一片湛蓝，一切都安详极了。

鲁阿漂亮的妈妈与妹妹也热情地出来相迎。鲁阿的家人不像当地人那样，身体上散发着难闻的气味。她俩干净清新如出水的芙蓉，长而黑的头发梳得整整齐齐，可见鲁阿的家庭在本地非同一般。

是的，鲁阿的父亲是一方族长，每次来都能看到成群的骆驼和山羊，只是这次却只有少数的山羊，没看到那些高大的骆驼。鲁阿的母亲有着慈母一样的笑容，她轻轻张开了双臂要拥抱三毛，瞬间感动了三毛。

鲁阿的父亲，三毛一直尊敬有加，每次去都会行沙漠大礼的，他头发花白，却看不出真实年龄，每次都会聊起时局。

这次，他伤感地问荷西："你们也快要离开撒哈拉了？"

"是的。"时局如果越来越糟糕，荷西和三毛只能选择离开。

老人预感到要分离，送给了三毛一对银脚镯，还让三毛当场就戴在脚上，高兴得直夸好看，这是一个可爱的家庭。后来，三毛才知道，那样的脚镯子，在撒哈拉，只送给自己女儿的。看来，老人在心里早已待三毛如自家的女儿了。

磨刀霍霍向牛羊，鲁阿的家人早已开始杀羊款待三毛了，竟然一次杀了两头羊，怎么吃得了？三毛疑惑地问鲁阿，鲁阿神秘地一笑说，不只是我们几个吃，还有我那些哥哥们，他们也要回来了。

鲁阿说这些时，眼神光芒四射，全身仿佛都笼罩着一片神圣的光辉。

三毛来过鲁阿家几次了，竟然一次都没遇到过鲁阿嘴里的哥哥，他们不在撒哈拉吗？

当天边漫起一片黄沙时，三毛知道，有人来了，而且看那动静，来人不少。所有的人都悄悄地站了起来，面色凝重。

渐渐地，当对方的形象清晰时，三毛吓了一跳。竟然是一排浩浩荡荡的车队，一水的沙漠专用黄色吉普，车速很快，如过无人之境，透露出说不清的霸气和杀气。

车队训练有素，像是有着特别的使命，渐渐逼近时，排成排的车迅速地闪开了，然后开成一个"桶"字形方阵，把鲁阿的家围了起来。直面而来的那辆车子上坐着一群蒙面男子，隔着老远，三毛就能感觉到投在自己身上锐利如刀的目光。

时间近中午，已接近沙漠里最高的温度，三毛突然冷汗直流，这些是什么人？

与三毛截然相反，鲁阿和妹妹一起奔向车子，一边大叫着哥哥，语气中是无限的喜悦。

他们是鲁阿的哥哥们？

鲁阿的母亲哈丝明就站在那儿，三毛看到她的眼睛正渐渐弯曲，似有笑意却有泪荡出。车子上的五个人纷纷跳了下来，他们上前深深地拥抱着哈丝明，那是久离的游子见到了母亲，一大群的人竟然静得一言不发地看着这一切，神情庄严而肃穆。三毛像被点了穴般，站在一片亲情海洋中，不能自拔。

鲁阿的哥哥们除去蒙面时，三毛看到了一张张与鲁阿相似的脸。是的，他们是鲁阿的哥哥。可当他们露出身上的衣服时，三毛顿时被灼伤了眼睛，那是游击队的服装，三毛认得清清楚楚。

忽然有点上当的感觉，上了鲁阿的当了，游击队一直仇恨如三毛和荷西一样的西班牙人，把两者混在一起，三毛不知道鲁阿的用意。

鲁阿红了一张脸来解释，原来，出镇只是个幌子，鲁阿以警察的身份出去，还是轻而易举的，非要带上三毛和荷西，是因为有人想认识他们。

太不可思议了。三毛没有想到，事情在鲁阿的嘴里更加离奇了。

那应该是鲁阿的一个哥哥，不清楚排行老几，笑着走了过来说："其实鲁阿要出镇还不简单，也用不着特意哄你们出来。事实上是我们兄弟想认识你们，鲁阿又常常谈起，恰好我们难得团聚一次，就要他请了你们来。请不要介意，在这个帐篷的下面，请做一次朋友吧！"他言语间的真诚让三毛有些感动。

鲁阿的二哥，一直忙着家事，帮这个杀羊，帮那个端盘子，都是很平常的事，可还是让三毛注意到了，他身着的衣服很是破旧了，但盖不住他挺拔伟岸的身材，他说话时眉眼温和，却在不经意间透着一股锐利，说话很快，却声音洪亮，有不怒而威的感觉。那被风沙和烈日熏陶下的脸，依然英俊无比。做平常的家务事，依然能透露出此人不凡的气场，像个高贵的王子般。像沙伊达一样，鲁阿的二哥是三毛在沙漠里遇到的另一个让她惊为天人的人物。

即使是鲁阿的父亲一直声明，只是一场家庭朋友式的聚会，不谈政事。但身处战期，话题是离不开这场战争的。一群沙漠里的游击队，有着自己的远大抱负，一心想着在自己的土地上实行自治。所以再不提政事，话题还是围着这场动乱的。鲁阿的父亲一直担忧着说："不会独立，摩洛哥人马上要来了，我的孩子们，在做梦，做梦——"

时间过得很快，眼看着太阳西沉，踏上长达三个小时归途的时间就要到了。

鲁阿的母亲哈丝明看着要离开的儿子、三毛与荷西，眼睛瞬间就潮湿了，不知道这次是不是永远的别离，三毛和荷西也许会永远地离开这个地方了。

"不能再留一会儿？"她轻轻地、近乎乞求地说。

三毛握着她的手说："哈丝明，下次再来。"

哈丝明伤感地摇头："不会有下次了，我知道。这是最后一次，荷西，你，要永远离开撒哈拉了。"三毛看到她眼里一闪而过的绝望。想要安慰，却找不到合适的语言。

送别时，鲁阿的二哥悄悄地对上车的三毛说："三毛，谢谢你一直在照顾沙伊达。"他认识沙伊达，还有这话里，竟然是感谢照顾家人的意思。三毛一怔，鲁阿的二哥回答说："她，是我的妻，再重托你了。"言语中是无尽的爱意。

沙伊达竟然是鲁阿的嫂子，虽然惊奇，却也值得欣慰，毕竟配得上沙伊达的只有鲁阿的二哥，三毛在心里想。这才是天造地设的一对啊。

回去的路上，三毛还是忍不住问鲁阿，沙伊达竟然是你嫂子呀，鲁阿点着头说："是巴西里唯一的妻子，七年了，唉！"

"巴西里？"三毛感觉这个名字好熟悉呀。

顿时，三毛全身的血液哗哗地开始乱流了，巴西里，这几年来，神出鬼没、声东击西、凶猛无比的游击队领袖，竟是刚刚那个叫着沙伊达名字握着她的手的人。

三毛和荷西又一次石化了。今天发生了太多意料之外的事了，他们一时间都消化不了。

这是三毛第一次见到传说里的巴西里，而她再也不能从担忧中走出来了，并且她对巴西里与沙伊达的担忧一日胜似一日。

是呀，只有七万人口的地方，能阻挡住摩洛哥、西班牙以及南边的毛里塔尼亚吗？三面受敌，巴西里能吃得消吗？三毛很难对他们的将来乐观。

联合国观察团来了。那天，当地人为了表明自己的立场，不约而同地朝着机场的方向走去，通往机场的那条路上，密密麻麻的都是人，却一点也没有混乱不堪，街两边是西班牙的警察，像是维持治安，又像是对峙，双方没发生冲突。站在朋友阳台上观看着的三毛清楚地知道，撒哈拉作为西班牙殖民地的时代要结束了。

等到观察团到来时，人们有组织地一起呐喊起来："民族自决，民族自决，请，请，民族自决……"一声声呐喊沉稳有力，宣告着当地人渴望独立的心声。突然，人群里飘出一条条象征着沙漠游击队的旗帜，要求独立，不再做殖民地。

善良无知的人们不知道，就算西班牙退出了，他们七万人也守不住这片国土，两个虎视眈眈的邻国，不会轻易就放过他们的。

只有沙伊达知道，再见三毛时，她忧心忡忡地说："关键在摩洛哥，不在西班牙了。"她不是一个天真的人，比谁都看得清楚。

此时，当地人不再仇恨西班牙人了，一宾一主在摩洛哥的紧锣密鼓的威胁下，消除隔阂，双方又像从前一样亲密起来了。

大多数当地人都信心百倍，他们认为只要西班牙退出，摩洛哥可以不考虑。现在只要等联合国观察团的报告、法庭的裁决就行了。

连荷西也认为，只要撒哈拉的西属问题解决了，他和三毛就又可以继续生活在这里了。而三毛、沙伊达知道，事情不会这么简单。

海牙国际法庭缠讼了不知多久的西属撒哈拉问题，在千呼万唤的等待中终于有了结果。人们听到广播的那一刹那，几乎兴奋得不能自制，他们拿出家里所有的能敲打的东西，统统跑到街上去，一起又敲又打，把好消息告诉认识的不认识的当地人或者西班牙的盟军。

人们高兴得太早了。政治家永远都不会按常理出牌，摩洛哥的那个魔王哈珊就是一个。那天晚上，广播里就报道了，哈珊开始在国内召集部队，准备开进撒哈拉。

消息一天比一天坏，原本只招三十万人的国王部队，已有二百万人报了名。可怜的当地人加起来才七万人，还有那么多的老弱妇孺，他们怎么能抵抗住大军的来袭。

10月17日宣传的裁决，到了10月23日那天，摩洛哥的大军就如蝗虫般开始倾巢出动，向着撒哈拉开来了。

最恐怖的序幕拉开了。很多人都慌了，西班牙政府天天用扩音器在街头巷尾里呼喊留在这里的西班牙人士迅速撤离。每一个见到三毛的人都在叫："三毛，快走，快走。"这个城，现在连西班牙警察都不见了，只剩下恐慌和空荡荡的街道了。

10月23日，三毛看到小卖部上空飘着摩洛哥的国旗了，渐渐地街上好多地方都飘扬着摩洛哥的国旗。摩洛哥已然快占领了这里。

也有当地人投奔游击队去了。世事变化，向来如此，有人成仁有人成魔。

荷西忙着磷矿的工作，一时没顾得上三毛，却也托了人买了机票，在摩洛哥部队到来前离开这里。

每天晚上，三毛都一个人待在家里，有人敲门需谨慎地问明了来人的身份才敢开门，一切都笼罩在一片恐怖之中。

那天晚上，沙伊达来了。三毛确定好身份开门后，才发现跟在沙伊达身后的，还有一个蒙面男子，是巴西里，他听说时局变化，就从遥远的阿尔及利亚匆匆地赶了几千里回来。他一直放心不下沙伊达，冒着被抓的危险，来镇上看望沙伊达。三毛看到他的脸因为劳顿已经憔悴不堪。他一进屋就喊饿，有多久没吃食物了？

沙伊达更是无限惊慌，坐了很久，还是不停地抖。她是个小女子，却预感到后面还会有更大的危险 。游击队仅有的两千人，去边境堵截那一百多万的摩洛哥大军，岂止是以卵击石，分明是飞蛾扑火。

因为摩洛哥强大的军事力量，镇上早已没人敢和游击队联系了。民心，如决堤的河水般崩溃了。

而巴西里，竟然连个藏身的地方都没有，随时有可能被抓。三毛找出了一个已经撤离的西班牙朋友的房间钥匙，那是西班牙人的地方。如果巴西里去，暂时应该是安全的。

巴西里勉强答应了拿走三毛给予的钥匙，虽然怕连累三毛，却架不住沙伊达的苦苦哀求，他把沙伊达交给三毛，他要三毛带沙伊达离开这个即将战乱的地方。他要好好地安排亲人的去处，才能放下心来。他离开时，深深地捧起沙伊达的脸，深情地反复凝视，就像要永别了那般，然后长叹一声，决绝地离开了。

沙伊达没有离开，和三毛静静地躺在床上。相对却无言，那个夜晚因为无眠变得更加漫长。

噩耗第二天就来了。三毛送沙伊达去上班后，在回家的路上，交通受了管制，一直心不在焉的她差一点都撞车了，赶紧地踩下刹车，才发现出了一身的冷汗。

发生了什么情况，摩洛哥的人还没到，竟然要实行交通管制？三毛悄悄地问了下哨兵，却没想到答案却是晴天霹雳。

那个哨兵告诉三毛，是巴西里死了。

怎么可能，昨天他还活生生地站在三毛的面前，只几个小时怎么会说死就死呢？三毛不信。虽然一直知道有危险，可是真正的摩洛哥人还没到呢，巴西里不会死的。哨兵看着三毛不信的样子，他继续说，确实是巴西里，他的弟弟来认过尸了。是他们游击队自己人火拼起来了，巴西里是死在自己人手上的。多么惨痛啊！三毛想起那天和巴西里在一起时，他向往民族自决，他眼里坚定的目光，他怀着那么崇高的理想，为自己的民族而奋斗着，却没有想到，最后的结局竟然是这个样子。如果巴西里知道结局是这个样子，他还会这样吗？还有沙伊达，她也会为了这片土地以及这块土地上的人们而孜孜不倦的抗争吗？

弟弟来认尸了，是鲁阿吗？那些叛变者会放了他吗？

三毛几乎不能站立，她的腿软得像入了热锅的面条，竟然连脚下的离合都控制不了了。

沙伊达知道这个噩耗吗？三毛开始担心。虽然一直在发着抖，三毛还是把车开到了医院，她要见沙伊达，看她平安，她才放心。

可是，所有的人都告诉她沙伊达离开了医院，却没有人知道她去了哪里。

三毛像丢了魂一样，事情发生得太突然了。像做梦一样，而沙伊达和鲁阿都不知所终，三毛要找到他们，她的心无时不在牵挂着他俩。她像游魂一样，开着车在空荡荡的大街上一边走，一边打听他俩的下落。

所有见到三毛的人都在惊讶她怎么还没有离开，所有人听到三毛问起沙伊达和鲁阿时都会摇头，不知道是真的不知道还是故意在隐瞒着什么，三毛隐隐感觉到一定是出事了。

辗转打听，三毛才知道，是阿吉比，那个一直想要占有沙伊达的人，他抓走了沙伊达，还放出话来说是沙伊达出卖了巴西里。这是个弥天大谎，不明真相的游击队会找沙伊达报仇，而他们可以理直气壮地在当地人的面前，貌似正义地杀死沙伊达。

怎么才可以救沙伊达，游击队不在，鲁阿消失，就连能商量的荷西也不在身边，三毛觉得自己没有办法救沙伊达，眼看着自己最亲爱的朋友落在流氓的手里却无能为力，那份揪心的痛就如刀子割肉般难忍。

眼看着太阳就要落山了，阿吉比那个流氓定好了八点在屠宰场里审判沙伊达，时间紧迫，而三毛怎么也想不出，还有谁能帮助自己，只好先开了车去屠宰场再说吧，总不能坐在家里干等着吧！

屠宰场在镇子的最边缘，是三毛平时最不愿意来的地方，到处都是骆驼的森森白骨。不时掠过的风，仿佛是那些被屠宰的骆驼的哀叫声，让人毛骨悚然。

镇上的人好像都听说了沙伊达要被公审的事情，纷纷朝这里赶来，三毛被人群冲撞得东倒西歪，不时还有人踩在三毛的脚上飞掠而过，他们都是要去看沙漠里最美丽的女子最后被残杀的经过吗？

本是同根生，相煎何太急？

沙伊达来了，她坐在那辆拉她的吉普车子前排右侧，脸色苍白如纸。如果不是坐着，三毛都怀疑她已经死去了。是呀，巴西里已经死了，沙伊达的心早已破碎，现在她只求速死了吧！

阿吉比不停地在场子上说着什么，三毛一句也不懂，因为他说的是哈萨尼亚语。三毛疯了般问身旁的人，他到底在说什么？

是一个年轻的女孩子告诉三毛了，阿吉比要让人强暴沙伊达，他不会让沙伊达那么痛快而死，他就是要折磨她，在众目睽睽之下。

三毛的血一下子就冲到了头顶，手指不自觉地紧紧握在一起，她要冲出去，要保护沙伊达，不能让她在临死前，还要受这样的屈辱。

三毛死命地推着前面的人，她只想快快地来到沙伊达的面前，可是那条通往沙伊达的路，全是密密麻麻的人，挤都挤不动。

而场内，已有几个报名的人开始在撕扯沙伊达的裙子了。沙伊达拼命地躲闪着，可是那几个全围着她，她一个弱小的女子，像只软弱的羊面对着一群凶狠的恶狼。

沙伊达的裙子被人撕掉了，她的身子几近赤裸。几个人开始拉沙伊达，只见沙伊达不停地踢动着双腿，可是不久就被那些狼给死死地摁住了，沙伊达的惨叫直入三毛的心，一声声地敲打着。这惨无人道的事，三毛是第一次遇到，竟然来自他们同一个民族。

三毛无比地寒心了，为这些愚昧无知的人。

突然有一个人，发了疯地冲了进去，扑到沙伊达的身边，像只狮子一样把那些围着沙伊达的人一个个地掰开，然后拉着沙伊达的头发。情况发生得太突然了，等三毛回过神来，才看清，是鲁阿。此时，他双眼通红，手里拿着一把枪，对着人群喊，滚开，你们这些猪。

是鲁阿来救沙伊达了，三毛在人群里捂住嘴，不停地发着抖，眼泪成串成串地落下。那七八个坏蛋并没有对鲁阿手里的枪有丁点畏惧之感，他们纷纷掏出了长刀，慢慢地向鲁阿靠近。

沙伊达突然叫道："杀我，杀我。鲁阿……杀啊……"经过了这些，沙伊达此时只求速死，也只有这样，才能免去将要承受的不堪屈辱。

人太多了。鲁阿一人势单力薄，只听两声枪响，人群也受了惊，三毛被那些惊慌失措的人们挤得东倒西歪，等到一切安静下来时，场上只剩下两具尸体，一个是沙伊达，一个是鲁阿。鲁阿临死前，死劲地朝着沙伊达爬去，他想努力地在自己支撑的范围内，可以遮挡住几近赤裸的沙伊达吧！鲁阿的身下是他匍匐而过的斑斑血迹。

都走了，沙伊达、鲁阿、巴西里，他们都走了。一连许多天，三毛都会看到巴西里正慢慢将他蒙头蒙脸的黑布一层一层地解开，他那晒成棕黑色的面孔，衬着两颗如寒星般的眼睛，突然闪出一丝近乎诱人的笑容。和他一起的沙伊达正安然地坐在书架下面，还是最初那样美……

第七卷
在加那利群岛的日子

感谢你赠我一场空欢喜，

我们有过的美好回忆，让

泪水染得模糊不清了。

大加那利岛

三毛语录：荷西住在这个社区一个月，我们申请的新工作都没有着落，他又回到对面的沙漠去做原来的事情。那时撒哈拉的局势已经非常混乱了，我因此一个人住了下来，没有跟他回去。

撒哈拉再也待不下去了，混乱的局势让它早已面目全非了。西班牙放弃了撒哈拉，拱手让给了摩洛哥和毛里塔尼亚，巴西里的梦想永远地破灭了。

离开是必然的。三毛是最后撤离的，整整十天里，三毛与荷西都联系不上。荷西在磷矿忙着工作，打电话永远是忙音，机场也找不到荷西的影子。十天来，三毛每一分钟都在煎熬中度过，恐惧像无数只八爪虫一点点地爬满了三毛的身体。

焦虑不安的三毛每天都能吸三包烟，更是吃不下饭，睡不着觉，担心荷西的安危，差一点使三毛失去理智。

还好，荷西安然无恙地出现。那一刻，三毛才觉得天是明亮的，喜极而泣地与荷西拥抱在一起。

三毛离开了，可荷西还得留在那儿工作。

这一次，三毛和荷西把家搬到了西北非的加那利群岛。

加那利群岛是北大西洋东部的火山群岛，由 13 个火山岛组成。东距非洲西海岸约 130 千米，面积 7242 平方千米。1497 年起沦为西班牙殖民地，1927 年起分为两个海外省，并入西班牙本土。

荷西与三毛住在加那利群岛的大加那利纳岛上。与撒哈拉相比，这个岛是繁华的、文明的，虽然说这里也是西班牙的领土，可是有很多的北欧人与德国人居住在这里，而三毛的家就坐落在一个面向大海的小坡上，那个地方有一百多栋的白色欧式洋房，到处都能看到盛开的花朵，真真正正的面朝大海、春暖花开。

把家搬到这里时，三毛就暗暗下了决心，不敢再与附近的邻居有过多的接触。沙漠里的前车之鉴，再也不敢重蹈覆辙了，这就是所谓的吃一堑长一智吧！

因为大加那利纳岛是一个像极了香港的开放城市，每天都有来自北欧的游客，他们像无头蜂一样，在这个岛上游走。

甚至还有一些老人们，因为这里四季如春、阳光普照，他们纷纷来此躲避寒冷的冬天。

三毛不是太喜欢这里，因为这里没有个性，没有自己特有的文化，并且太过嘈杂。可是，这里是离撒哈拉最近的地方，可以方便荷西工作。所以，荷西选择了在海边郊外租下了房子。美丽的花园洋房，有宽敞的大厅，有落地的飘窗、白色的纱帘，站在窗前，能看到不远处深蓝色的海，碧波荡漾。

有时候，三毛会出去散散步。三毛下了决心，不再与周边的人打招呼，散步只是散步而已。

本是有心不与外人搭腔的，可是本性却让三毛永远都做不到。她天性与人为善，又是极喜欢说话的人，让她天天憋着不说话，就仿佛被人关在暗无天日的牢里一般了。

所以没几日，三毛就认识了瑞典的清道夫。当然，这是三毛给他取的名字，因为三毛每天都能看到他在打扫着每条街道，后来才知道竟然是义务的。

还有德国的两位慈眉善目的夫妇，两个人的年龄加起来可能有一百八十多岁了吧！可是和三毛一起散步时，可怜的三毛竟然成了最不济的那一个，与之前想象的与一对爷爷奶奶级别的人一起散步一定是无趣的截然相反。三毛开始喜欢这些与众不同，而之前他们是自己特意要疏远的一群人。

原来，老亦是有所乐的。

于是，在荷西工作的日子里，三毛天天与这群老伙伴们混在一起，参加他们的聚会，聆听来自不同的国家的他们带给自己别样的人生见闻。

这些老人们个个都有拿手的功夫，有拉小提琴的、吹笛子的，还会跳优雅的圆舞曲，真是让三毛大开了眼界，与他们都成了忘年之交。

三毛还和荷西一起去了加那利群岛的其他岛屿旅行。

旅行之前，三毛无论遇到谁都会问一些关于各岛的事宜，甚至向他们借了许多关于此方面的书籍。这就是三毛，每去一个地方之前，必要先仔细地从侧面了解一下，然后再身临其境，仔细地感受一下。

丹娜丽芙岛（特内里费岛）的嘉年华会，拉歌美拉岛上的口哨声，最绿最美也最肥沃的拉芭玛上的田园风光，寂静的兰沙略得岛上耕地的骆驼……那是一段最美好的日子，是三毛和荷西在经历了战乱之后的一段恬静日子。

后来，荷西的母亲来了，同来的还有荷西的二姐、二姐夫和两个调皮的儿子女儿，有将近两个月的时间，三毛开始了"恐怖"的大家庭生活。

那段日子，三毛要侍候一家六个人的起居生活，从早上忙到深夜，甚至晚上还要照顾二姐的两个孩子。荷西的母亲和姐姐把自己当贵宾一样，事事都让三毛劳心劳力，甚至孩子晚上上厕所也是三毛代劳照顾。这一段疲惫不堪的生活，让三毛几近崩溃。

再也没有生活的乐趣可言了，那些忘年之交也淡忘了，甚至对荷西也渐渐产生不满。三毛身体状况每况愈下，直到有一天，过马路时，神情恍惚，出了车祸。荷西听到消息，不得已辞去了工作，飞到了三毛的身边。

可是，康复出院后的三毛即将面对的是经济来源的枯竭，荷西没工作，一切开销有增无减，而婆婆来时花光了积蓄，怎么办？荷西不停地寄求职信，三毛也暗暗地替荷西用着劲，还试着给台湾写了求职信，可是依然是无果。后来，荷西和朋友承包工程，又赔得一塌糊涂，只能靠三毛的稿费勉强过日，艰苦到每天只吃一顿正餐。好在不久，荷西找到了工作，可惜要离开三毛到远在尼日利亚的德国公司上班。

金融危机直接导致了工作难求的局面，荷西很珍惜这次机会。所以，三毛不得不放荷西离开。一个人独守在加那利的岛上，过着寂寞的日子。

三毛语录：放她逃之夭夭，对做丈夫的来说亦未尝不是一件乐事。但是反过来一想，家中碗盘堆积如山，被单枕头无人洗换，平日三毛唠叨不胜其烦，今日人去楼空，灯火不兴，死寂一片，又觉怅然若失。左思右想，三毛这个人物，有了固然麻烦甚多，缺了却好似老觉得自己少了一块肋骨，走路坐卧都不是滋味，说不出有多难过。

许是在外久了，思乡之情渐浓，又或者是忽然被某物打动，想起自己离家多年，愧对双亲吧！反正是很突然，三毛那天特别想家，像得了失心疯一样，对远在万里之外的家乡有了迫切想要回去的念头。

此念一起便再也收不回去了。收拾行李，拿好护照，一切都一气呵成，全然不顾张着大嘴一脸惊讶的荷西，像阵风一样飘出了家门。

大梦初醒的荷西赶紧追到了机场，用一脸的不舍之情凝望着妻子，而她去意已定。荷西知道她脾气性格，已定的事情，纵是五匹马、十头牛也拉不回来了。机场分别时，三毛摸摸荷西的胡子，什么话都没说，甚至连句让他好好照顾自己的话都没交代，就一别而去，只留下一个转身的微笑，以及荷西泪流满面地怔在那儿。

那是第一次夫妻的分离。回到家里的荷西，想想三毛的离开也许是好事，至少这段时间自己可以放任一下，为所欲为。想到这儿，荷西差一点就要开瓶酒庆祝了，自由万岁！可是他开心不到两天，思念三毛之情就泛滥成灾了。衣服没人洗了，饭没人做了，没有了三毛，日子怎么这么难过呢？

三毛回到台湾两天后，就收到了荷西的第一封信。那是荷西写给自己的岳母大人的。信的开头，直呼亲爱的岳母大人。然后接着说：三毛逃到你们那儿去了，是我的错，我没有拦住她，虽然知道你们一直疼爱着她，可三毛一直是个让人头疼的丫头，真不想看到上了年纪的你们还要为她而操心。还有三毛身体一直有恙，还老是忘记吃药的事，还得烦请两位老人在我不在的时候，看好她，请她好好地吃药休息。如果两位老人觉得累了，就赶紧让她回来吧！我会替你们好好地照顾她的，请两位老人放心。

　　另外，还请两位大人，每日三次提醒一下三毛，她最近记忆不太好，请提醒她，她的丈夫荷西，还在万里之外等着她，这样的话，我也好骗她早日回来。

　　三毛一看那个"骗"字，心里就愠怒了。

　　骗？好，我要看看你怎么骗我回去。

　　对于荷西的这次来信，三毛不管不顾。开始在台湾过起承欢父母膝下的无忧日子了。

　　荷西在那边可惨了，饭没人管做，碗碗盆盆堆积如山，床单亦是无人洗无人铺。荷西觉得生活里没有了三毛，一切都变样子了。

　　可是，三毛还没有回来，不知道她究竟要在台湾待多久？每每想到这儿，荷西都想让三毛赶紧回来。

　　而三毛这边，不说回音，甚至连封信也没有。

　　荷西开始了对三毛的猛烈攻击，当然，是用写信的方式。

　　一封封满含深情的信从遥远的地方飞到台湾，三毛能看到荷西的真心：总要听一天的广播，没有坏消息才能去睡。这是以前三毛静静在等待着荷西时的感觉。那时，荷西在沙漠工作，三毛总是等荷西上了飞机，然后搜所有的新闻，直到没有任何的坏消息后，才能安然入睡。那种牵挂和疼痛，如今荷西一样感受到了。

荷西还在信里一直声明，三毛小住就可，速速回来吧！他实在是过不了没有三毛的日子，隔着重洋急急地召唤着爱妻快快归来。

三毛却不急，刚到台湾，父母以及姐妹间的热情正是高涨的时期，她要好好地享受，才不要急着回去呢！

其实，这次荷西原本是希望和三毛一起回去的，可是三毛不商不量地一个人跑掉了，完全出乎了荷西的意料。不过也不能怪三毛，他们手里现有的钱只够买一个人的机票。没办法，三毛只有一个人走，就留下荷西一个人过日子。分开有时能加速促进夫妻感情。

三毛不急着回去，也不急着给荷西回信，她要观察一下这个日日爱着的男人到底有多爱自己，一边还窃喜，此行竟然误打误撞找到了考察爱人的机会。

三毛不回信，荷西更担心了，说不定这个行事从来没有章法、鲁莽极了的三毛根本就没有回台湾，直接到了克什米尔，一边旅游一边放羊。这些事，三毛是最喜欢做的了。

还好，荷西及时收到了三毛父母亲发的电报，才知道三毛确实是回台湾了，他的一颗心才放了下来。可是，还要面对的是自己要给自己煮饭吃。没有了爱妻的照顾，荷西像个突然失去母亲的小孩子一样无依无靠，可怜极了。

总是有了怜惜之心，三毛给荷西回了离家之后的第一封信。荷西收到后，那个乐啊，马上把留在信箱里的二十五块钱小费给了邮递员。可是打开信一看，荷西马上就傻眼了，三毛信里中文太多，他根本就看不懂，亦无从知晓三毛何时归。

荷西赶紧给三毛去信，告诉三毛：自己盼着她的归期早已是望眼欲穿了，所有的信里，每句话都是真诚的，完全没有骗她的意思，请三毛不要误会了。

还有就是邻居加里死了，这个在三毛没离开时还和三毛共舞的男人，那天突然就死在海边的岩石上了。荷西知道这个消息时，很是伤感了一阵，生命无常，留下来的时间如此的短暂，荷西最想的就是与最爱的三毛共度余生。所以，荷西再次请三毛回来，越快越好，因为家里没了三毛，花谢了，草长得像人一样高了，而屋子里老鼠也越来越多了，自己却只能天天吃一种饭食——白水煮蛋。

荷西在煎熬中等待了很长时间。三毛没有回信，一直没有。这样更让离三毛千里之遥的荷西发疯。他整夜整夜地不能入睡，白天更是坐立不安。原来，思念一个人竟然是如此痛苦难受的事情啊！不想相思，又怎能放下不相思？

终于三毛来信了，荷西却只看懂了四个字：台湾很好。荷西差一点没气得把墙给推了。台湾很好，什么意思，难不成不归了吗？这里才是你的家，臭三毛，你把家都忘记了，老公也可以不要了吗？

荷西终于知道了，不论自己怎么哀求，三毛就像是抬杠一样不会回来了，或者是暂时没有回来的打算。可悲啊，自己这么虔诚地求她归来，得到的却是漫不经心地应付。

荷西反思了，到底是哪里出错了？

荷西完全不知道，自己这样真诚地请求三毛回来，却让三毛很安心地在台湾过着逍遥的日子，没事了到处走走，看看风景，反正荷西是个标准的好男人，不会有什么花花事情。所以，三毛放心的很，对荷西虽然能放在心上，却可以安之若素，不用担心任何事情的发生。

荷西呢，想明白了，之前的真诚与愿望相悖了，所以行不通。于是后来，荷西便再也不求三毛回家，而是让她安心待在台湾，他要幸福地享受单身生活的乐趣了。

在信中，荷西告诉三毛：昨天和朋友卡尔一起出去喝酒了，卡尔竟然有那么多的女性朋友，一个比一个漂亮和豪爽，而且一个比一个亲切，真是难得的一个美妙的晚上。晚上回来晚了点，还好你不在家，没有惊动你的睡眠，要不我会不安的。

这信封寄出去不久，就收到了三毛的回信。荷西没想到三毛这么快就回信了，与之前的作风可是截然不同啊！真是让荷西有点意外。

之后，荷西又写了封信，告诉三毛自己不用吃白水煮蛋了，因为刚刚搬来了一个美丽的英国女孩子，荷西帮助她安家置业，而她为了回报，每天请荷西一起吃饭。荷西说，好久没吃过如此美味的家常菜了，味道真是好极了。接下来，荷西又说，你如果真的觉得台湾很好，我可以同意你再住上几个月，现在我没事的话可以和英国女孩卡洛一起打打网球，下下棋，日子已很好打发了。

三毛一看荷西竟然趁自己不在的时间勾搭上了外国妞，那个气呀，赶紧修书一封，连卡洛的名字也不写，直接称为坏女人，让荷西离她远点，再远点。

荷西纳闷了，他写信告诉三毛：卡洛是个好女孩子啊，你没见过人家怎么就说人家是个坏女人啊！并且人家很漂亮的，又肯帮助人，你看，加里死了，我决定给你换个大房子，所以我搬到了加里的房子里，现在卡洛在帮着我挂窗帘呢！你得感激，这一切原本是你一直在做的，现在卡洛她在帮你做这些事，而且不收费用，卡洛应该是天下最好心的人了。不许你以后污蔑好人哦！

最后，荷西还说出了自己的疑惑，之前一直不回信的三毛，怎么如今次次回信了？而且在第一时间里？怎么回事？荷西在信的最后问三毛。

这次三毛没给荷西写信了，直接把收信人改成卡洛的名字。她在信里直接警告卡洛，别在我的新家里肆意妄为，这里不需要你来挂窗帘，也不需要你为荷西做饭。甚至在信的最后，三毛还骂卡洛像《花花公子》里的女人们，专门为勾引男人而来的。

天，三毛怎么了？她怎么这样骂人家，荷西一看信就据理力争：三毛你太不像话了，怎么可以骂人呢！而且还像世俗的小女人一样，竟然不让我与卡洛再见面？可是，卡洛只是邻居家的可爱小妹妹。昨天我们又去山顶玩了，很不错，不知道你那边怎么样，是否也像我一样，一切安好？

这次三毛一下子写了十封信，而每封信都不能替代三毛十分之一的愤怒。她在信里大骂卡洛，说自己见了她，第一件事就是打碎她的头。不觉得解恨，然后再发一封，告诉她加里是自己的好朋友，会帮助自己铲除妖女的……

荷西一看三毛竟然来了十封信，就责备三毛浪费了邮票，这个国际邮件本来就很贵，还一次寄十封，太浪费了吧！再说我们只是上山采些花草而已，你至于这么动怒吗？

这封信让三毛更愤怒了，荷西竟然和妖女自称"我们"了。于是，信去得更频繁了，这让荷西忽然觉得三毛的信成了负担，每次看之前的好心情一下子就变了味道。于是，荷西告诉三毛：我下周要去度假，应该有一周不在家，你不必写信了，即使是写了信来也是没人看。我要和卡洛一起去游泳了，你在台湾也有好多游泳的地方吧，应该不用担心我们的。

一周之后，荷西竟然收到了三毛的电报，这次连信都省了。三毛直接告诉荷西，自己马上要飞回去，回来是因为要找他拼命，竟然和一个妖女去度假还不让自己写信！

荷西一看乐了，他写信道：原来真的如卡尔所说，中国有句古话说得好，"唯女子与小人为难养也"。自己之前一味地哀求，却得不到回应，索性放开了，让三毛疯个够，现在你要回来了，实在是太好了，自己的胃早让那些白水鸡蛋给折磨得死去活来了。而卡洛只是一个杜撰的，可以加速让三毛回到自己身边的一个人物而已，三毛自不必气的，一切都是荷西编的故事而已。不过，如果三毛你要看到这些不回来的话，那么明天我就和卡洛一起去潜水了！

聪明狡猾的荷西，每一句都含着真诚，每一句又都不可相信，三毛自己也弄不清楚到底这个卡洛是不是存在着的人物。罢了罢了，在台湾待的日子也够长了，开始想念坏坏的荷西了。

三毛终于回来了，荷西偷偷地乐。而我们也看到了一段恩爱夫妻真实的生活写照，温馨而又诙谐，感人至深。

沙滩惊险

三毛语录：人都走了，剩下我一个人坐在路边，深灰色的天空，淡灰色烟雾腾腾翻着巨浪的海，黑碎石的海滩刮着大风，远方礁石上孤零零地站着一个废弃了的小灯塔，这情景使我想起一部老电影《珍妮的画像》里面的画面。又再想，不过是几分钟以前，自己的生命，极可能在这样凄凉悲怆的景色里得到归宿，心中不禁涌出一丝说不出的柔情和感动来。

这个世界每天都在发生着不可想象的事情，比如惊险，就如天有不测风云一样，意外总是不期而来。

那是朋友送给三毛的礼物——几盒不透明的水彩，一起的还有几支简单的画笔。接到礼物时，三毛发了一阵的呆，发呆的原因是，这些水彩可以用在什么地方而不被辜负呢？

　　思来想去，三毛觉得最合适的还是用在衣服上，这里一切从简，衣服有破线时，三毛只有家里唯一的白线用来缝补一下，什么衣什么色都是一样的白色，实在是太过难看了，好在，把这些水彩涂上去，一定会好看吧，至少不再那么显眼和难看了。

　　对于这个主意，三毛一直沾沾自喜了很久，甚至过了一阵子遇到送水彩的朋友时，三毛还把自己牛仔裤角翻过来，告诉人家，那些白线，因为她送的水彩现在变成了蓝色的。

　　朋友的脸明显暗淡了，然后不顾沉浸在自得自乐中的三毛说："三毛，我给你的水彩不是涂线头用的，我是想让你画画，听明白了吗？水彩是用来作画的。"

　　那一刻，三毛微怔，画画？多么遥远的事情呀？好像是上辈子的事了，不，不，这辈子不要再做上辈子的事了，再也不做了，不做了。三毛此时很坚定，不画就是不画。

　　有些想法也只是界定在那一时而已，就像我们的决定，忽而东，忽而西，有时由我们遇到的事情决定的。

　　如果三毛没有看到那些石头，那么她会一直不再作画。如果三毛不是为了节约成本，自己去海边找喜欢的石头，那么三毛就不会遇到那惊心动魄的一幕。

　　那天，三毛整晚都没睡，她完全沉浸于对那些石头的喜爱上，把石头画成自己喜欢或者遇到的事物、认识的人物，把静止不动的生命附于它生动的容颜上，三毛乐此不疲。

早上五点，荷西要赶早班车，三毛送他出门。看着荷西渐行渐远的身影，三毛感觉无比的孤单。她跑上阳台，蹦起来朝荷西挥手，荷西似乎听到了她的呼唤，转身，朝着她招手，然后继续赶路。

三毛回到屋子里，那些桌子上的石头，五颜六色，三毛忽然感觉，那些之前以为很成功漂亮的石头画，此刻竟然成了一堆拙作。

她有了去海边的冲动，找那些饱满的、有个性的，或者完美的石头，以便再一次开始，用心去画它们……三毛拎着篮子出门时，四处静寂，人们还沉浸在睡梦之中，天空还是鱼肚色的白，阳光还躲在不知道的角落不肯出来。沙滩被海水侵略了，风很大，那些海水还一个劲儿地朝着公路的方向咆哮着，公路两边插着红色的警示旗，风大浪高，不见一个人影。

那些石头是必须下公路才能找到的，三毛蹲在那儿找石头时，一辆车急刹车时与路面发生巨大的摩擦声，因为很近，很刺耳，三毛听到了。她朝着刹车的声音方向望了几眼，看到了那个开车男子从车里出来时，举着双手不知在做什么。

三毛确定这个男子是连一面之缘都没有过的陌生人，所以三毛觉得男子的举动与自己无关。于是，三毛继续低头寻找自己想要的石头。

　　三毛再一抬头，已经看到男人像闪电一样奔到三毛跟前，三毛吃了一惊，还没等三毛有何反应时，男人抓了三毛的胳膊，转身就跑。不知道发生什么事情的三毛，被男人牵制着，不得不被动地跟着跑，这样不情不愿地被拉着，使三毛有几次差一点就摔在路边，于是，三毛决定甩开男子的手，可那男子的手如铁钳一般，以她弱小的力量，根本不足以抵抗。

　　男子还是不说话，就是一个劲儿地拉着三毛朝公路上奔，那样子像使出了吃奶的劲，亦像身后跟了无数只饿了好久的恶狼。他不管不顾地拼了命地跑，让三毛不得不顺从地跟着他。

　　三毛在身侧能看到男子恐慌的脸却听不到男子嘴里大叫着什么，身后是大海的咆哮如雷，虽然很想听清楚男子在叫什么，可是依然是什么也听不明白，只能听到男子的嘴愤怒地一张一合。

　　快到公路边了，男子扭头，把另一只手递给三毛，那是拉三毛上去的姿势，三毛回头朝后面看了一眼，天哪，身后竟然是巨浪滔天，正张牙舞爪地朝三毛呼啸而来。还没等三毛有所反应，那巨大的浪直直地从三毛的头上罩了下来。那一刻，三毛只有一个念头，完了，一切都完了。

　　三毛在大浪里翻了几个跟头，咸涩的海水瞬间到处都是，眼睛面孔都有剧烈的痛感，身不由己，三毛跟着那些海浪迅速后退，眼看着马上就要被海水带走了。这时，却有一股力量拉着她，死命地朝着公路的方向，还是刚才的男子，他依然死死地拉着三毛的手，海浪渐退，三毛终于站稳了。只见一个年轻的男子从公路上跑下来，一边跑一边大叫："快，下一个浪又要来了。"他刚才一定是看到了惊险的一幕了，三毛还不能思考，刚从鬼门关跑了回来，她现在需要的还是跑，要不真又回到鬼门关了。那个年轻的男子已然到了跟前，和初来的男子一样抓着三毛的另一个手臂，像押解着犯人一样，把三毛挟持着，押到公路上。

一上公路，三毛就虚脱般坐在公路上，牙齿因为害怕，不停地咯咯乱撞，海水从发顶，沿着发梢，急速地滴答着，被海水呛了无数口的三毛此时开始惊天动地咳了起来。之前的男子，捂着胸口，像台风箱一样，呼哧呼哧地喘着粗气。终于，男子的气喘平了，开始了猛烈地呵斥三毛："要死啊！那么大的浪背后扑上来，会死人的。"

"对不起，对不起，真的不是故意的，对不起。"三毛只能这样说，刚才实在是好险，还差点害了来救自己的男子，三毛的心因为自己的错误而负疚。

男人还是一直喋喋不休，他估计是太气愤了，因为刚才三毛对他的手势置之不理。当听说三毛只是因为去捡拾一些破石头时，他顿时做出一副"我的天呀"的不可思议状，然后拖着自己刚才因为用力过度，此时已显僵硬的腿离开时，甚至连再见都没有说，他以为刚才救了的不是个傻子一定就是精神有问题的人。

三毛朝着他说："先生，请留下姓名地址，我要谢您。"

他叹了口气，发动了车子，接着又低头看了一眼全身滴水的衣服，疲倦地对三毛说："上帝保佑你，也保佑你的石头，再见了！"他的表情写满了悔意，那是感觉救了三毛之后的不值。

另一个年轻人还保持着好奇之心，他问三毛："捡石头做什么？"

三毛只是简短地回答："玩。"画画对于三毛，或许一直以来就是玩玩，生活对于三毛也许也是这样的概念。

年轻男子也觉得太不可思议了，仅仅是玩，差一点玩掉了生命。看到年轻人的衣服湿透了，三毛跑上前去，十分内疚不安地想要表达感谢，但她终究不知如何开口，脱口而出："我赔你衣服。"年轻人爽快拒绝了，并一路小跑着离开。他走时，三毛注意到他的脸红红的。

此时，天地间，只剩下三毛一人，短短几分钟的时间，三毛刚从死亡的边缘挣脱出来，虽说刚才男子的态度生硬，还是令她有了说不出的柔情和感动。

回去的路上，三毛遇到了邻居黛蛾。她惊讶于如此早的时间，三毛一身水渍而归。

三毛简短地告诉了她刚才自己惊险的经历。黛蛾只是笑着骂了她句："活该！"

她没有经历，便不能想象三毛刚才的惊心动魄和切骨恐惧，而三毛的话，对于她也只是一个故事而已，无关痛痒。

三毛语录：我不知不觉地一日复一日地沉浸在画石的热情里，除了不得已的家事和出门，所有的时间都交给了石头，不吃不睡不说话，这无比的快乐，只有痴心专情的人才能了解。

我们总是会无意地发现一些和我们原本没有交集，之后却一直息息相关的东西，那是因为无数的情愫，比如喜欢，比如念念不忘，比如耿耿于怀，比如感动，比如冥冥之中说不清道不明的因素。总之，遇到了就再也放不下了。

那些石头，就摆在货架上，一动不动，却深深吸引了三毛。

确切地说，那只是一些鹅卵石，像青果一样，甚至还要小的石块，披着五颜六色的水彩，光芒四射，一下子就吸引了第一次来光顾这家小店的三毛。三毛随即买了一块，却时时地记挂着另外的，于是她接连几天都光顾这家小店，像遇到心仪的男子一样，丢了魂魄。

那些石头因为有了色彩便身价倍增，三毛和黛蛾又去的时候，买下了第三块石头，却花了一个星期的伙食费，三毛又感觉心疼了。每个小女人似乎都这样，希冀得到的东西日盼夜盼，得到后，又觉得失去了更多。

看着三毛如痴如醉地欣赏着这些彩色的小石头，黛蛾突然开口："自己画嘛，这又不难。"

一语惊醒梦中人一般。是呀，这些动人的石头，放在哪儿都撩人心魂。

之前不再画画的坚定一下子就跑得无影无踪了，刚好，朋友的水彩也有了用武之地，总算不是一场辜负。像多年不写字而提笔忘字般，三毛拿着画笔，却找不到灵感。如何让一块顽石，变成一件心中的圣品呢？

荷西看着痴痴地拿着石头的三毛问："这不是艺术，三毛。"

三毛没好气地回答："我也不是画家。"

那晚荷西睡着后，三毛静静地坐在那儿，一动不动地观看那些形态不一的石头，像一场无声的对话，它们在告诉她，如何赋予它们想要的灵魂。

时钟嘀嗒嘀嗒了大半晚上，三毛终于在一块浑圆的石头上看出了胖太太芭布的神态和姿势。虽然多年生疏，当真心投入时，三毛顿时感觉下笔如风了。

那晚，三毛像找到了丢失多年的东西，今又失而复得般的喜悦。

三个小时后，胖太太芭布变成了块石头，不，是石头变成了芭布太太。

这块"胖太太"，三毛送给了被自己摇醒的荷西。此时，荷西正睡意蒙眬，却被这一块石头惊得杏眼圆睁。他没有想到之前一块平凡的不起眼的小石头，竟然能变成如此漂亮富态的美人儿。

荷西一直是佩服自己的妻子三毛的，那种由心而出的佩服是生活里一点点细微的发现。此时，他更增加了一分对妻子的敬服，天下竟然有如此的能工巧匠？简直就是神话，

荷西异常惊喜的神情带给了三毛莫大的鼓励，一时之间，那些粗陋的石头，瞬间都赋予了三毛最难得的灵感。那些石头个个生命感十足，三毛懂得了那些石头将要带来的是什么。而这些就像冥冥之中心与灵的沟通，那不再是普通的石头，是三毛将要诞生的如孩子般宝贵的杰作。是的，谁说石头没有精致而高贵的灵魂呢？

那些顽石在三毛的手里变成了鹳鸟、小斑鹿、长发少女、穿裙子的苏格兰士兵……黛蛾见了之后，惊叹不已，兴奋地大叫三毛画什么像什么，简直是神来之笔。

之后，三毛开始不停地去海边，捡那些别人连眼都不过的石头，回到家里，夜以继日地不停地画，那些石头会在夜深人静时与孤单一人的三毛倾心长谈。那些再也不是石头，在三毛心里，它们早已和自己浑然天成，合为一体。从此，乐一起乐，忧一起忧。

当所有的喜悦经过时间的洗涤，境界成为一种更高层次的追求。三毛开始对那些之前的初作，进行了严格的审视。之前的完美，竟然变成丝丝的缺憾，比如芭布的裙子有些歪，那个长发的少女少了些单纯，鹳鸟似乎一只腿长一只腿短……像初识的朋友变成老友后，缺点便渐渐暴露。

想了一晚上，三毛决定重新开始。那些看出缺点的，三毛统统扔进了大海，这下可心疼死了一直追着三毛要石头画的黛娥。她气得直跺脚，恨三毛不可理喻。她亦是不懂，中国有个成语——"宁缺毋滥"。

三毛开始沉浸于自己与石头的世界里，除了必要的离开，三毛所有的时间就是对着那些石头，凝视轻语。那话，只有石头与她懂得。

终于，三毛画出了人生最满意的十一块石头，那是在几百块画过的石头里挑出来的精品。三毛感觉那就是自己的灵魂，以石头的方式存在，她在，石头一定在。不与外人遇见，甚至听到黛娥车子的声音，三毛都吓得赶紧把正在观赏的作品一一收起来，她太怕失去它们了，那样一定就像丢了魂一样吧！

为了妥善珍藏这十一块石头，三毛像装饰新家一样，用红色的绒布薄薄地铺在篮子里，每天起床的第一件事就是先一一地拿出它们，观赏，晒太阳，甚至交谈。三毛说，这种幸福，无可替代。

可惜的是，那十一块石头，命运使然，最后不知道流落何处了。其中五块，三毛记得很清楚，那天是复活节，大加那利岛的邻居来了一大家子。一屋子的人，热闹非凡。被朋友记得，并来看望，三毛很高兴。买了成箱的啤酒还有菜食，三毛要好好地招待朋友。那个装石头的篮子就放在客厅，三毛忘记收起来，直到有人问起三毛："三毛，你那一篮子石头是自己画的还是人家给的？真好看。"

晴天霹雳般，三毛才想起那些从来不示人的石头被人看到了。她匆匆赶到客厅，只见那个装石头的篮子，早被倒立着抛到墙角，那些视为宝物的石头，被孩子们扔在地上，有的还能看到明显的脚印。一个胖男孩子甚至还把一个石头放在嘴里，他不会以为是块糖果吧！

三毛赶紧收拾起那些石头，放在书柜上面后告诉那些人，家里什么都可以动，唯有这块都不能动。等那些人走了之后，三毛发现有四个石头不见了。三毛知道是邻居带走了，没经过自己的同意。

再之后，三毛想把那仅剩的七块放到银行的宝物箱里的，可惜还没等来得及办理手续，就被一个缺心眼的家政服务人员当垃圾给扔了。三毛寻遍了所有的垃圾箱，那些小石头像是故意要离开她似的，一个都没找到。三毛坐在海边像丢了魂，她不相信石头就这样离开了。她当初捡它们的时候，差点赔上了性命，而如今，它们竟然要远离自己，逃得一块不留。

此时月色正浓，满眼的星光闪烁。三毛抬头看天，忽然那七块彩石头出现了，就在头顶的天空上，越变越大，朝着三毛的方向而来。

那曾被遗忘的莫里

三毛语录：莫里也是给我那样的第一印象，谦和诚恳，不卑不亢，他那个摊子，挤在一大群嬉皮打扮的年轻人里面，鹤立鸡群似的清爽。

认识莫里还是在没迷恋那些石头前。

三毛生活的地方有个港口，叫十字港，这里从来都是游人如织，热闹非凡。

那个冬日，阳光明媚，十字港聚集了许多做手工艺活的年轻人，他们一个一个展示着自己的宝贝货物，很有秩序地排着长龙，凑成了一条街市，从早晨一直摆到晚上。

三毛最喜欢拉着荷西逛这样的地方了，无拘无束还能淘到自己喜欢的宝贝。

应该是第二次去的，那天是夜市，算是散步，三毛和荷西又一次来了。两人只是无意逛到一个摊位，油灯很亮，木架上蓝色的丝绒上精心地摆着各色各样的非洲彩石项链的。摊前并没有人，那个摊主隐藏在摊位之后，不知道是在忙着整理东西，还是羞于站在摊前。

三毛看上了那个项链是纯手工的牛皮链子加着红色的琉璃石，光晕中色泽鲜明。三毛一眼就看上了，如果戴在如雪的肌肤下，一定很般配。

"请问多少钱一条？"这话是三毛询问摊主。

摊主并没有回答，隔着光投向暗处，三毛看不到摊主的脸，只是感觉到有目光投向自己。

"请问是日本人吗？"这是摊主的第一句话，说的是日语，三毛日语懂得不多，但能听懂对方说了什么。摊主是日本人吗？

她黄色的皮肤，一定是让他误会了。他一定以为在西班牙，这个他乡遇到故人了。这是一件多么令人高兴的事啊！

"我不是日本人，是中国人哩！"三毛用日语诚恳地回答。许多年前，三毛曾被一个日本同学追求，所以三毛会说简短的日语。

对方更加惊奇，没想到三毛会讲日语。摊主也因为太过兴奋，"呼"地一下子就站在了三毛面前。

　　三毛这才看清面前的这个人，四四方方的平头，极端正的五官，在小麦色的肌肤衬托下更显得英俊异常，个子不是太高。此刻，他正双眼炯炯有神地看着三毛，一脸的笑意。

　　三毛很窘，日本话她只会几句平常用语，没想到此时会用上，早知道当年就多学几句了。不过萍水相逢，三毛只是闪了一下这个念头，并没多想。

　　结账时，那个日本人的态度却感动了三毛。

　　钱是荷西出的，两个项链一共四百块。付了钱离开后，那个摊主跟了过来的，在身后轻轻地用日语说："都是东方人，打折。"

　　他手里举着两百块，一定要退给荷西。荷西不收，钱在两个人之间让来让去。三毛能看出对方是真心想退，他的脸上一直保持着笑意，许是在大西洋彼岸能遇到同是东方人，虽不是同胞，却让他忽然有了很亲近的感觉。那钱绝不能要，他做小本生意的，挣点钱多不容易。三毛拉着荷西逃走了，却总是忍不住想起那人微笑的样子。

　　荷西很奇怪，三毛怎么会有这样的感觉，是因为同为东方人的缘故吗？

　　东方人也许是一定的原因，但不是主要的。三毛很清楚，自己一直放不下的是那个年轻人的情意，他一直微笑着的脸，坦诚的眼睛，三毛都不敢忘记。或许还有他像她一样，都是流浪的孩子吧！

有些人遇到了就注定了。比如爱情，比如友情。

后来，三毛知道那个日本人叫莫里，从家里出来好几年了，流浪了一个又一个国家，没钱了就摆个小摊子，挣些钱，然后再开始另一段旅程。

莫里的家乡有个非常诗意的名字——春日井市。莫里的父母都是种田的乡下人，所以莫里一路都是自己依靠自己。他一生的愿望就是走遍他生活着的地球，这和当年的三毛有几分相似，于是与她又拉近了一层关系。

那天，三毛和荷西一起邀请了莫里吃中华料理。当然，是在三毛的家里，主厨是三毛。

那晚，莫里对着一桌子的菜，感动得稀里哗啦，一个劲地用日语道谢。他流浪的时间里多是在凑合着过日子，下馆子太贵，只能买些蔬菜或者水果生着吃，很少有机会能吃到家里做的家常便饭，更何况是三毛如此温暖浪漫的家里。

那一桌子的菜，最后让莫里和荷西吃了个精光，到最后依然还是意犹未尽的样子，三毛也着实高兴了一番。

莫里租住的地方没有厨房，不可能做饭给自己吃，三毛就很礼貌地对莫西说，有时间了可以来一起吃饭。

那是三毛真心的邀请，他一人漂泊在外，自己有条件帮他，就帮他吧，家庭的温暖分一点给他，好让他在这个寒冷的冬天不至于那么孤苦。

莫里是知恩图报的，他把自己帆布包里的东西都倒了出来，挑了几件算是给三毛的礼物，三毛对莫西的印象好极了，他不卑不亢，谦和诚恳，是个值得交往的朋友。

于是，三毛做肉类食品时，总会用锡纸包了，给莫里送去点，知道他很少吃肉，怕他营养跟不上，三毛总是为莫里想着。莫里渐渐地不再客气了，有时也会问三毛："鸡肉的还是牛肉的？"

当然，莫里也真诚地对待三毛，有好的东西都会为三毛留着，有时还会送些糖果给荷西。三毛知道莫里懂得礼尚往来，也不负了他的好意，总是一一收了。

日子久了，大家都像老朋友一样。莫里很好打交道，像个稚气的大孩子，有时候买了衣服，看到三毛远远地走来，就会放下手里的生意，大叫着对三毛展示自己的衣服。

三毛知道他挣钱不容易。总是劝他有钱了存在银行里保险，莫里总是固执地嫌麻烦。他执照再过十几天就到期了，短期内还不如把钱放在背包里。

莫里的西班牙语也有了大大的进步，由刚开始的生疏已经到了能流利对话的地步。看着莫里如鱼得水的生活，三毛的心多多少少有些欣慰，也慢慢放下了最初担忧的心。

就在那之后，三毛要搬新家了。新年来的时候，三毛被石头画迷住了，那种迷，就像失了魂魄一样，除了家事和荷西，三毛的所有心思都放在石头画上。

很长一段时间，三毛如痴如狂地画，从早晨到深夜，她甚至不眠不休，如中了魔般。忘记星辰忘记日月，也忘记了那个在十字港摆摊为生的莫里，他甚至连三毛的新家都不知道在哪个地方，而三毛忽略了。

那些精心创作的石头画丢失后，三毛如被抽去了魂魄般，每天像游魂一样，仿佛去了另一个世界。当所有石头梦过去后，那个冬天已然结束，春天在不知不觉中来了。

当想起莫里时，还没来得及去找，一场大病又突然而至。那几日，三毛不停地咳嗽、发烧、冒冷汗，胸口像压了块巨石，头晕得难受，连脚步都不能抬，下床就感觉像大浪来袭一样地眩晕。除了上医院看病、做检查，那段时间里，三毛连卧室都没离开过，一直养病到邻居黛蛾褪下长袖换上夏装来串门的那天。

三毛这才惊觉已然夏天了。她足足在屋子里躺了整整一个春天。窗外早已绿荫一片，甚至连夏蝉都在鸣曲了，一切都生机盎然，而她却死寂了那么久。

终于有一天，三毛去菜市场的时候路过莫里租住的地方，这个似曾相识的地方一下子让她想起了，那个一脸微笑、一脸真诚的莫里。

莫里，她早就要找他的。不知道他如今过得怎么样?

可是莫里不见了，那些人都不知道莫里去了哪里。莫里又开始了他流浪之旅吗? 他还没有向她告别呢， 就这样走了? 三毛的心无比惆怅起来，像被掏空了一般。

再次听到莫里的消息是在十字港又一次新颁执照后，三毛遇到了莫里以前的摊友丁娜。丁娜是个阿根廷女孩子，之前与莫里一起出摊，摊位离得很近，三毛常来找莫里，与丁娜算是熟识的。

丁娜依然做着自己的老手工活——皮革刻花。她看到三毛很是惊奇，开口就问: "三毛，原来你还在十字港。"

三毛只有笑着无奈地点头。丁娜像是对三毛说，又像是自言自语地说: "难道莫里找了你，你不晓得呀?"

莫里，三毛这是第一次听到莫里的消息。原来，莫里真的找过自己，他并不是一言不发地走掉了。

三毛很想知道现在的莫里如何了，人在什么地方? 三毛急切地打听: "我去找过他，他不住那儿了。"

原来，莫里之前去了一次南部，却不想遇到了扒手，他一直放在包里的存款、货物、衣服，还有护照都被人偷去了。

可怜的莫里，他在异乡有了人生最艰难的一次遭遇。这还不是最糟糕的，之后的莫里又遇到了违警，被捉入狱，之后又得了一场肝病，人生的劫难一部部地上演，终于有一天倒在了异乡的街头。

丁娜一直说个不停，不知道从什么时候三毛早已泪流满面。莫里，他在西班牙这个异乡，只有三毛一个朋友，而在他最困难最无助时，她竟然不在，竟然找不到她，三毛的心瞬间如刀割一般。她愧对于他。

最后，丁娜说，莫里算是坚强的，他终于挺过来了。如果你想看他，他晚上会在。

莫里还在！她这个罪人还有机会向他赎罪吗？

那晚，三毛远远地看到莫里，在灯火阑珊处，他低着头，依然坐在摊位的后面，一如三毛最初见到他的样子。

一阵阵愧疚像浪一样打过来，"莫里"，三毛心里暗暗地叫着，可脚下却如加了石磨般沉重，他待她如朋友，而她却轻易就丢掉了他，那几个月日日期盼自己出现的莫里，却日复一日地失望着。在他是困苦无望时，他的心里，对她有着多少的绝望？

三毛一直觉得是自己没有尽到做朋友的责任，让莫里失望了。

是莫里看到了三毛，还是一脸真诚的微笑。三毛才鼓起勇气站在莫里的面前。

莫里的摊子比以前的小多了，东西也不如以前的好，多是廉价的小物件，可以看出莫西现在状态依然不好。隔着几个月的时光，三毛忽然觉得她与莫里好像生疏了许多，甚至连一些简单的问候都变成格格不入的应酬。

"我生了场大病"，三毛告诉莫里。她并没有撒谎，却说得一点底气都没有。

而莫里那场肝病，差点要了莫里的命。比起这些，三毛觉得自己的病无足轻重。莫里只字不提自己几个月前的事，虽然面带微笑，却满眼的疲倦和淡然。三毛看着他的样子，想帮他。可是却不好意思张口，怕是他以为的廉价施舍。

看到熟人玛丽亚时，三毛忽然有了主意。她匆匆地告别了莫里，却在莫里看不到的地方，指着他告诉玛丽亚，帮她把他的货都买了。只有这样，她的心才能稍稍安定吧！

拉了荷西再次来到莫里的小摊边时，莫里不见了。那天晚上，三毛看着电视剧，很一般的情节，三毛竟然看得泪流满面。

门铃响起时，已经是夜里一点多。这么晚的时间，会是谁？

是荷西开的门。心有好奇的三毛隔着卧室的门缝看到了莫里，还有一位西班牙男孩子。

这个新家，莫里是不知道地址的。他怎么找到的？

当三毛把疑问说出来时，那个西班牙男孩子很直爽地说："是你的朋友玛丽亚告诉我们的。"

莫里竟然知道玛丽亚是三毛的朋友？

莫里起身点头致谢："谢谢你，一次买了我一天的货。"他知道了。三毛马上感觉自己的脸在发烧，找了个拿饮料的借口离开了。

莫里是来告别的，他要去巴塞罗那，同行的还有这个西班牙男孩。三毛的眼又一次湿了。莫里，这次是真的要走了。

那是最后的晚餐，三毛把所有的食物都拿了出来，她盛情款待了莫里和男孩。这离别的滋味如初尝酒者，除了苦涩，还会辣出点点泪花。

轻轻地举起手里的酒杯，干杯吧朋友。再道一声珍重，再见，人生因为有你而感动。

第八卷
黄土最是无情物

走得突然，我们来不及告别。这样也好，因为我们永远不告别。

五月
不见繁花开

三毛语录：汉斯这种人，我看过很多，冒险家，投机分子，哪儿有钱哪儿钻，赚得快，花得也凶，在外出手极海派，私底下生活却一点也不讲究，品格不会高，人却有些小聪明，生活经验极丰富，狡猾之外，总带着一点隐隐的自弃，喝酒一定凶，女人不会缺，生活不会有什么原则，也没有太大的理想，包括做生意在内，不过是撑个两三年，赚了狂花，赔了，换个国家，东山再起。就如他过去在西班牙开潜水公司一样，吃官司，倒债，押房子，这一走，来了尼日利亚，又是一番新天新地，能干是一定的，成功却不见得。

林子大了什么样的鸟都有，三毛遇到的不仅仅是让她感动的好人，还有那些让她愤怒的坏人。生活本来就是一场经历，既有微风细雨、风和日丽、同样也有乌云蔽日、狂风暴雨。

　　那是三毛与荷西分别三个月后的再次相见。不记得是婚后的第几次分别后的重逢，只是这次相见，再无罗曼蒂克的爱情味道，甚至于连相见的喜悦都淡了又淡，是时间冲淡了一切吗？

　　又刚刚分别三个月，小别还胜新婚呢，何况是三个月那么久，荷西多少也得有点热情吧！可惜，荷西好像一直打不起精神，他的状态差极了，只是淡淡地问三毛有没有在转机的时候回家里一趟，或者有没有遇到家里人。

　　家庭问题就是一颗定时炸弹，时刻得保持警惕，最好轻易不要随便碰着它。荷西虽然嘴里支持三毛的所有行动，可是三毛依然能听到荷西话语里的不悦。

　　三个月不见，荷西瘦了很多，那条三毛买得之前很合身的牛仔裤，荷西竟然能穿出松松垮垮的样子。三个月内，荷西瘦了近二十斤，他的手指，缠着白色的纱布，眼神涣散，看上去很疲倦。

　　“工作多吗？”三毛试着问。

　　“还好。”荷西如此回答，“一天14个小时以上，没有加班费，有时候会是18个小时。”

　　啊！虽然心里早有准备，三毛还是很震惊了下，一天18个小时，铁人也吃不消呀！荷西竟然说还行！

　　三毛知道荷西是失业怕了，经济不景气，他很珍惜这次就业的机会。

　　正是雨季，和荷西回去的路上，雨下个不停，到处都是泥泞不堪。也幸好是雨季，拉哥斯属于热带，因为下雨，天气变得不是那么可怕的热，但依然还是热得受不了。

　　那条要到目的地的路，千疮百孔，一路颠簸，三毛不得不咬着牙才能忍着不叫出来，她的腰因为脊椎病的原因，早已不堪重负，过如此状况的路，真是痛苦得不行。

　　而荷西一直无视三毛的痛苦的样子，一直默默地坐在一旁，一言不发，像变了一个人似的。

　　荷西住的地方比想象中还糟，厨房脏得像街边年久失修的小饭店，到处都是用过了也不洗的抹布，散发着阵阵酸臭气，墙角处一堆堆的垃圾上盘旋着无数只苍蝇。客厅倒是很大，厚重的窗帘说不清楚是什么颜色，沙发倒是个个颜色鲜明，一看就是从旧货市场淘来的。

　　这里甚至会经常停电，第一天晚上倒是运气好，一晚上没停电，可怕的冷风机，发出的声音像百年的火车轰隆而过，震得头皮都是麻的。

　　那晚，荷西抱着三毛，头一直低着，像只鸵鸟。三毛推开荷西一看，他竟然泪眼蒙眬，可怜的荷西发生什么事了？

　　荷西还是那句，没事。三毛的心痛了又痛，荷西，在这里都过着怎样的日子啊!

第二天,三毛找到了荷西的工作日记,她一直都知道荷西有每天记日记的习惯,那本日记里很清楚地描述了荷西三个月的工作状况,没有休息日,每天早上五点上工,有时会做到18个小时以上,患痢疾两天,工资扣除,没有医药费,伙食费自负,甚至还欠了两个半月的工资,三个月打捞了七条船……

天呢!荷西一直在隐忍着,他哪是在工作,分明是新中国成立前的黑暗的旧苦力才会有的生活。

这是个什么样的老板?法西斯吗?

三毛忽然觉得很愤怒,荷西真是个笨蛋加白痴,被压榨竟然不知道反抗。

同来的路易,还是三个月前的样子,没胖也没瘦,怎么单单荷西会瘦到那个样子?

不知道是什么时候停的电,屋子马上变成了火炉,窗外依然下着雨,远处是一堆堆的黑人女子,赤裸着上身,不知道是不是太过闷热,眼前无一风景可言,叫不上名字的高大的树,不远处的丛林,再也没有原始的诱惑,只是乱蓬蓬的一团绿……那天很晚了,荷西和路易才回来,浑身上下一团脏,像是从泥水里滚出来一样。

三毛虽然很难过,可是看到荷西平安归来,心里还是喜悦的，赶紧地下厨房，准备着不知道应该称为哪顿的饭菜。

那顿饭，荷西以及路易都吃得很高兴，可见是难得的一次满意的伙食，他们有多久没有吃过一次舒服可口的饭菜了？

荷西是兴奋的，三毛却一肚子辛酸。

荷西的老板汉斯度假回来是两天后，那天，荷西提前下班，他要带三毛一起去接机，毕竟是荷西的老板，虽然之前对这个汉斯没有好感，三毛还是决定礼貌地对待他。

汉斯高大而胖，是那种人未到肚子就先到了的体形，同行的女眷英格却很瘦，年纪三十上下，不漂亮却很妩媚。

汉斯不停地问荷西的工作情况，他度假飞了一个月，公司的一切都是荷西在料理。最后，似是安慰，他对荷西说，你的薪水，上个月就替你从德国汇去加那利岛的账户去了。

三毛一愣，上个月？当时三毛还在加那利岛，而他们的银行账上，没见过一分钱入账。

汉斯的谎言没过多久，就穿帮了。

三毛不经意地问了下汉斯度假的地方，汉斯早已忘记了之前提到荷西薪水的话，一张口便是全盘的度假行程，而德国，他是十天前才到达的地方。那上个月是鬼魂在德国给荷西支付的薪水吗？

当晚，三毛把自己的所见所闻一一描述给荷西听，那个汉斯不是良善之人，除了狡猾和投机之外，他根本没有做生意的头脑，不懂得如何才是一个真正的生意人，这种人，没有前途，只有眼前的蝇头小利。

三毛直接劝荷西离开这里，不要再跟这样的人合作。他们不值得荷西卖命。荷西一脸的心事重重，他还是不肯放弃这个不堪的工作吗？荷西最后告诉三毛真相，汉斯扣下了荷西和路易的护照以及职业潜水师的证件。太可恶了，天下竟然有这样的人？三毛怒火中烧，也是荷西，竟然忍受了这么久，还让人拿走了自己的证件。

荷西太过正派了，汉斯纯属小人，荷西不是他的对手。三毛暗暗告诉自己，她要替荷西伸张正义，她不能看着自己最心爱的人饱受不良老板的压榨，还要打掉牙，和着血水一起咽下去。

汉斯和英格，倒是很拿得起当老板和老板娘的架子，看着三毛寄居在家里，竟然把她当成用人使唤开来：喂，三毛，你收拾下桌子；喂，三毛，把牛奶给猫留着；喂，三毛，我的衣服拿去烫下……

三毛暂时忍着吧，看在荷西的薪水还没到手。

原本只求平安地拿到自己应该得到的，却不想汉斯和英格变本加厉，让人忍无可忍。

汉斯接的那个工程，一条船，六千包水泥，竟然让荷西在三天之内挖出来。

那是三毛做的一顿美味佳肴，用来盛情款待汉斯和他的客人，而他们刚刚在饭桌上却商量好了让三毛最爱的人去做最苦的工作。

六千包水泥，在水里早浸泡成石块了，可是竟然还有人要，虽然价钱低得要命，而汉斯竟然为了那些小钱，不顾荷西以及工人们的死活。天气预报三天内都有大雨，水底本来就闷热不堪，还要在水底一包包地把水泥用绳子拉上来？

那天，三毛气极而乐，她突然就那样不停地发笑了，笑得汉斯毛骨悚然，不明所以。

汉斯发怒了，他指着三毛的鼻子骂，不许她插嘴，那是男人的事，与女人无关。

三毛一点都没怵这个丑陋的男人，刚刚你吃进肚子里的一直称味美的菜，可是眼前的女人做出来的，好吧，你给我吐出来。汉斯没想到三毛如此强悍，之前的荷西温顺得像只绵羊，路易虽然会有小花花肠子，却从来不敢与自己正面交锋。三毛这个中国女子，弱得一阵风都能吹跑了，竟然敢指着自己的鼻子骂，太不可思议了。

对付无赖的办法就是比无赖还无赖！

骂过汉斯，三毛心里无比的畅快。可惜的是荷西，竟然不听三毛的劝阻，依然第二天早起去工作。

骂荷西没有原则，又心疼荷西如何工作，那成千包的水泥，三毛想想都心疼难忍。那个路易竟然生病了，待在房子里大叫难受，而可怜的荷西要独自面对六千包水泥。

第一天，荷西挖了三百八十包水泥。三毛看到荷西的手一直在抖动，十指裂缝，伤痕累累。即便是这样，汉斯还耿耿于怀，指责荷西挖得太少了。荷西一直是有责任心的人，答应的事，从来会负责到底，不像路易滑头一个，动不动就装病，把一起来的荷西都能置之不顾。

三毛看在眼里，疼在心里。荷西早已被这份工作折磨得不成人形，竟然不听劝，一直不舍得放弃。

汉斯最可恶，荷西如此工作，汉斯竟然只给了半个月的薪水，之后便绝口不提了。

三毛心疼荷西，一直说，不做了，即使没有工作，她可以好好地写稿子出书，也不愿看着荷西受苦。

荷西身上永远有种大男人的气概，他宁愿死也不愿被三毛养活着。

第二天，闪电雷雨交加，这是个不适合作业的天气，荷西竟被逼着下了水。三毛无端地想起安东尼奥，因为海底没有减压舱，他上岸后只说了一句好疼，就倒地而亡。三毛担心荷西的安全，而汉斯只记挂着今天挖了多少包水泥。

当听说只挖了二百四十包时，汉斯顿时暴跳如雷，他不管天气多么恶劣，也不管手下作业有多大的难度。他只知道，荷西没有完成他下达的任务，哪怕是根本不可能的事情。

真的不能再为这帮孙子卖命了，三毛要荷西堂堂正正地辞职。这至少是一个男人最基本的原则，工作应该是没有屈辱的。荷西好不容易答应了。

后来几天，又发生大事了。汉斯忘记了一件事，原本有个沉船，三个月前应该打捞的，他却忘记了。当另一个合伙人杜鲁医生拿着船务局的起诉书时，汉斯瞬间脸白如纸。他生硬却极想把这事怪在荷西的头上，可是另一方面，他们还得靠荷西把那只船打捞出来，再迟一段时间，就不是打官司那么简单了。

三毛知道机会来了，只有把握这次机会，荷西的薪水才有希望要出来。

狡猾的汉斯不得不答应三毛的要求，却提出了最后的付账的最后期限，就在三毛临行前的那个早上。

三毛计划着，自己先行离开，之后，荷西做满四个月整离开。

荷西原本可以拍拍屁股走人的，他担心自己一走公司一时找不到接手的人，自己得负责把工作做完。他那么善良，即便是这个公司的老板如此负了他，也不能负了他人。

汉斯真是条癞皮狗，说好的 5000 美金，到时间了弄了一本的支票要三毛签。三毛签到手软，合计时，竟然只有一千二百美金。

荷西听说只给了一千多，虽然有些吃惊，还是在预料之中。送三毛去机场时，他们说好了月底荷西就回去加那利群岛。

可是六月月初，荷西依然没有回来。再见荷西是三毛再次从加那利群岛飞到荷西工作的地方。

荷西没回来是因为汉斯出事了，车祸，手脚皆断，他不得不一次次请求荷西留下来。出于道义，荷西不得不代理着公司的一切事务。

在机场，三毛看到骄横不可一世的杜鲁医生夫妇，他们谦卑得与之前完全判若两人。

荷西一直不能离开，而那些欠下的薪水像雪球一样越滚越大。善良的荷西又一次做了傻瓜。

我真的只是想要一张船票

三毛语录：可是我还是回了头，在绿灯转亮，我跨过街的那第一步，我突然回了头。在那个老旧的大厅里，流浪的人好似睡去了一般动也不动，垂着眼睑，上身微微向前倾着，双手松松地摊放在膝盖上，目光盯在前面的地下，悲苦和忧伤像一个阴影，将他那件水红的衬衫也弄褪了颜色。时间，在他的身上已经永远不会移动了，明天的太阳好似跟这人也不相干了。

不知道是什么原因，那个男子好像在那个码头等了几百年，独独是为了三毛。

那天，已是晚上，三毛正在大加那利岛的港口，要转进卡特林娜码头搭渡轮。那个男子就站在不远处，对着车流使劲地呼喊，还不停地举起双手乱舞。三毛开着车，听到呼喊声，扭过头来。男子马上朝三毛打招呼，嘴时不停地用生疏的西班牙语喊着"晚安"。

三毛缓缓地停下车速，男子急匆匆地穿过车流，朝三毛奔来。三毛确定男子是在呼喊自己了，可是那陌生的脸，三毛也确定自己一生都没见过，更别说相识了。

那么深的夜，三毛心里有隐隐的不安。

男子喘着粗气趴在三毛的车上，三毛抬头看他时，他赶紧微笑着继续道安。这个男子，他要做什么？三毛礼貌地回了句"安"，脚下悄然无声地加了油门，车瞬间就冲了出去。

男子没想到刚刚想要停下的车子为什么会突然又开走了，他的身子在车子的惯性带动下，踉跄了几步，三毛在后车镜里还看到男子舞动着双手不知道是在发泄愤恨还是悲伤。没多久，那人就被远远地抛在身后不见了。

真没想到，没过多久，在一个码头，三毛竟然又看到了男子。他还是那件鲜艳的水红色衣服，三毛看到那片水红色，就担心还是那个拦车的男子，越担心的事越容易发生，果然是他，而且还一眼看到了三毛。

三毛看了看身边的环境，那个码头一共才三个人，除了三毛和他，另一个是一位上了年纪的老人。三毛不由得担起心来，男子果断地朝三毛走来，这个男子终于第二次站在三毛面前了。

他要做什么？

三毛不由得防备起来，男子开口又是一句"晚安"。三毛这才开始仔细打量男子，男子看上去很疲惫，微胖的脸看不出什么精明之处，眼睛很小，下巴很短，这副长相并不像什么狡诈之人，潦倒而散漫的外形，看上去便让人想起了迷路的孩子。

三毛再次确定这个男子与自己没有任何交集。于是不再回应男子的搭讪，扭脸看向大海。

"也要过海吗？"男子开口了，说着生硬的西班牙语，他一定不是本地人。

三毛决定不开口，荷西一直告诉三毛，不要与陌生人说话，这样会很危险。

男子继续说："我也——过去。"

三毛继续不理他。

这位男子的声音低了下去："要过海，没有钱……我护照掉了，请给我两百块钱买船票吧。"

三毛狐疑顿起，这个男子原来是想要钱的，可是他明明在说谎，过海的船票是一人五百，而不是他所说的两百。

哼，到处都是骗子。

三毛决定离开这里，不愿意再受男子的骚扰。

当三毛大步离开时，男子一步不离地跟着，样子看上去很急切，竟然连话也变成了英语。他说："求你，帮帮我，只要两百元钱。"

三毛不理他。一个正当壮年的大男人，竟然靠行乞过日子，竟然还说谎话，太可耻了。

三毛钻进了车子，想迅速地离开此地，离开男子的纠缠不清。

男子抓着三毛开着的车窗，嘴里不停地说："请听我说，我不是你想的那种人，我有困难。"

三毛不想听他说话，一加油门，车子滑了出去，像上次一样，男子在车子后面狂追了几步，就被三毛甩了。

在船公司的售票处，三毛拿到了排队单，无聊地坐在那儿等着买票。

男子又出现了，像鬼魂一样。他一眼就看到了坐着排队的三毛，他是跟着三毛一路跑过来的，三毛顿时有一种晕厥的感觉。

男子又一次朝三毛走来，三毛恨得牙都痒了，她不得不用眼光恶狠狠地瞪着他。

男子并没有顾及三毛的眼光，一步一步继续着走近三毛。三毛能看出他的疲惫不堪以及说不出来的窘迫。

"你看，我又来了。"他用英语说，并做了个抱歉的手势。

三毛冷着脸，不接他的任何一句话。

"我真的不是你想象中的人，我可以给你看证明，我是挪威公民，只是护照被偷了。你只要借我两百元钱，我过了海就有钱了。"

什么逻辑？过了海又不是到了挪威，说谎也得高明些吧！

三毛不想听，起身换了个长椅子，希望男子能看到自己的拒绝，可以安静地离开。

男子又跟了过来，他的话近乎乞求了："这样吧，你如果不想借给我钱，你把我藏在你的后备箱里，等你过了海，我也可以过海了。"

这样的伎俩就能骗到人了吗？三毛可不想做骗子。

三毛已经很不耐烦了，如果有一种法术能让眼前的人消失，那该多好呀！

可是男子根本没看出三毛的不耐烦。在他眼里，三毛可能就是一根救命的稻草。或者，三毛想，男子一定是看上她样子忠厚老实，容易上当受骗吧，要不怎么会三番五次缠着不走呢？

三毛决定，男子无论怎么说，都不回应，然后再一次换了个位置，等着买票。

男子又来了，这次他不管三毛怎么反应，一开口就是一长串一长串地表述："我是从挪威来度假的，第一次来加那利群岛，住在丹娜丽芙的十字港，来了才三天，一个女人叫我请她喝酒，我就去跟她喝，喝了好多又去跟她过夜，第二天早上，醒过来，躺在一个小旅馆里，身上的护照、钱、自己旅馆的钥匙、外套，都不见了……我走回住着的旅馆去，叫他们拿备用钥匙给我开门，我房间里面还有支票、衣服，可是旅馆的人说他们旅客太多，不认识我，不肯开，要我渡海来这边挪威领事馆拿了身份证明回去才给开房门，借了我一点钱过海来，后来，就没钱回去了，一直在码头上流浪……已经流浪了四天了，没睡少吃，只求你帮我渡过海，过了那边我就有钱了，求你发发善心吧，求你……"

这次三毛忽然动了恻隐之心。这个男子说的是真的吗？他的语气里已经有了哭声。他是一个在外的异乡人，突遇此事，确实无所适从。可是他如果是个骗子呢？那是不是自己真的就被愚弄了？

是的，这一切与自己有关吗？自己完全可以漠视的。反正四天里漠视他的已有好多人了，也不多自己一个。

对三毛来说，两百元并不多。可是男子从前到后纠缠不清，意欲达到目的之人，三毛是领教过的。难道乞求也要这样蛮不讲理，缠着一个人不放吗？

三毛刚刚被感动的心，瞬间又硬了起来。

而此时，刚好轮到三毛买票了，三毛没顾上回答男子，起身去买票。

买过票，售票小姐对三毛说，渡轮马上就要开了，你得赶紧。

一切都顾不上了，上了渡轮，那个流浪汉就会像浮云一样散了，三毛决定不再回头。

说了不再回头，还是忍不住回了头。那个流浪汉，还坐在刚才的位置，头深深地垂着，双手抱着头，十指插入发中，像是僵化了一般，保持着那个姿势，一动不动。

那一刻，在三毛眼里的男子是颓废的、绝望的，时间在他的身上似乎已经永远不会移动了，明天的太阳好似也跟这人也不相干了。

三毛的心一下就软了，至少他现在是个值得可怜的人。自己如果不能对一个可怜的人伸出援手，那么接下来之后的日子，三毛担心自己会受到良心的谴责。

三毛跑动了，就在准备上渡轮前，她快速地跑到男子身边，把刚刚找回的五百元钱，迅速地塞在男子的手里。说："一张票的价格是五百元，不是你说的两百元，以后记得撒谎也得找个让人信服的理由。"

男子错愕地看着三毛。看着手里的钱，然后跳起来说："我没说谎，我还有三百元钱，所以只需要两百元钱就能买到船票了。"

　　没时间了，三毛也不敢验证下他所说的三百是真的假的，她丢下男子，朝渡轮跑去。她没时间想了，男子说没说谎也没必要想了，渡轮一开，一切成风。

　　那个男子是奔跑着最后一个跟上渡轮的，就差一点点。如果渡轮没有停下来等他的话，三毛以后的日子也许会想，男子说不定真是个骗子。

　　男子是一路举着船票上的渡轮，他的脸因奔跑而通红，原来他真的是为了一张船票呀！

　　三毛站在船板上方，默默地看着他，歉意一点点浮上了心头。

不祥之地

三毛语录：当飞机着陆在静静小小的荒凉机场时，又看见了重沉沉的大火山，那两座黑里带火蓝的大山。我的喉咙突然卡住了，心里一阵郁闷，说不出的闷，压倒了重聚的欢乐和期待。

在尼日利亚，荷西工作了八个月，累死累活地挣扎工作，却只换回来了三个月的薪水。即便是要不回来钱，三毛也坚持不让荷西做了。生活再艰辛，她也不要荷西去做那份工。她疼他在心，不舍得他再受苦受累。

冬天，荷西回来了，和三毛搬到了丹娜丽芙岛（特内里费岛）。在这里，荷西参加了修建人工海滩的工程。新年钟声响起时，三毛还和荷西一起坐在人工修建的海滩上，一边自豪地看着荷西的劳动成果，一边又抬头仰望满天的星光。

钟声响起时，三毛许下了十二个心愿——都是但愿人长久。可是没有想到，那个心愿，终是没有实现。

新年过后，荷西的新工作就又要开始了。这一次，他要去山青水也青、杏花满地的美丽之岛——拉芭玛岛。

之前，三毛曾经去过一次拉芭玛岛。"那真是一处人间仙境"，当时三毛感叹地说。可是再去时，感觉却不一样了。

荷西提前一个星期先行，一切安顿好之后，发电报通知三毛飞过来相聚。

三毛还在飞机上时，就远远地看到了那两座黑黑的火山在远远地发着蓝色的火光，三毛的心无端地开始抽痛。

荷西来接时，三毛对荷西说："这个岛不对劲！"

荷西没有在意，还要三毛不要多想，此时正是杏花盛开时，刚好赶上了这里最美的好时光。

荷西是高兴的，在这里，第一次当上了领导——小组长，虽然职位小，可毕竟领导着几位下属。所以此时，他正被喜悦冲昏了头脑。

这个岛没有渡轮常来常往，人口只有两万，空气里充满了清新的味道，甚至连时事都很难捕捉到，没有报纸，没有电视，真的是世外桃源。

这里世风淳朴，如果路过一处，想要讨杯水喝，对方必会拿出自家里私藏的最好的美酒款待你。

一切看上去都是美好的。

可是为什么，三毛的心总是隐隐地痛，那久缠着的噩梦怎么又夜夜来袭呢？

不知道有多少个夜晚，三毛总是会从噩梦里醒来，满身满头的冷汗，如淋了大雨般。好在，每次惊醒都能看到自己的手被荷西紧紧地握着，她知道荷西的心意，怕是他不能进入她的梦里为她驱散那些梦魇，只得无奈地握着她的手，传递安全给她吧！

三毛呆呆地看着荷西，突然不能自制地落泪了。这个自己最亲近的枕边人，六年了，有欢乐有吵闹，世上除了父母，他是最疼自己的吧！她轻轻地低下头，在他的耳边呼唤："荷西，我爱你。"结婚六年，这是三毛第一次说出"我爱你"。

荷西从梦里醒来，那句话，他没听全，试着问三毛："什么？"

三毛坚定的眼神，到处都是满满的深情：是的，荷西，我爱你。

此时，三毛才明白，自己是那么爱着眼前人啊！她要告诉他，让他知道自己的爱。

荷西一愣，他等了她说这句话等了十几年，今晚她终于说了。

还好，三毛的爱，他有听到，她爱他胜过自己的生命，却一直吝啬到不肯说一句爱的话语。

如今，是不是隐隐不安的心痛，让自己感觉时日无多，即将离开人世，离开自己心爱的男人，才肯说出来吗？三毛觉得自己好自私。

是的，三毛悄悄地去了公证处，她立遗嘱，她怕，那个先走的人是自己。在世上最后的日子里，她要事事让着荷西，给他最后的爱。

那些日子里，荷西的同事总是来借钱，三毛一句闲话也不说，只要荷西开口借，三毛必会去银行，借多少是多少，一分不少地取给人家，却没想到，那却是荷西放在人间的情意，而最后受益的却是他的爱人三毛。至死，荷西都在为三毛不停地付出。

三毛以为要走的是自己，却不想命运却给她开了一个天大的玩笑。

结婚六年的纪念日，三毛收到了荷西给的礼物——一块老式的女式手表，那是荷西用加班得的补助买给三毛的。

那是三毛结婚后的第一个手表。那天，荷西在三毛的耳边深情地说："以后的每一分每一秒你都不能忘掉我，让它来替你数。"多么饱含深情的语言啊！如果没有那次次的心痛，如果没有那夜夜的噩梦，三毛一定深醉在这片深情里。

　　而此时，三毛只感觉，那话像是不祥之语，"以后的每一分，每一秒"，难道这是生命里最后的时光吗？要用分、用秒来计算吗？

　　三毛眼前片片黑暗。她每天陪着荷西去上班，怕离开他的日子会越来越近。

　　看着荷西一次次地潜入水底，然后，再一次次地浮上来，三毛的心便浮浮沉沉，不知所以的泪便跟着落下来。浮上来还带着笑容的荷西每每看到都一片惊讶，三毛一定是中邪了吧！心想着，赶紧做完手里的活，早日带三毛离开这个邪气的岛。

　　只有三毛心里明白，那隐隐的不安中是有事要发生了。

　　还好不久，接到母亲的电报，她与父亲一起去欧洲旅行，久未能见到女儿，所以中途绕道来看望三毛夫妻。三毛得知消息后，很是高兴，荷西更是结婚六年未能与岳父岳母谋面一次，所以紧张极了。那几天，荷西开始恶补英语，他怕与岳父岳母不好交流。

　　三毛去西班牙接机了，待了六天后，与父母一起回到了岛上。荷西见面的第一句竟然是中文的"爸爸妈妈，你们好"。

　　三毛一呆，以前见到婆婆与公公时，三毛都不敢亲切地叫一声妈妈爸爸，只是呼叫着隔着生疏的"母亲、父亲"。而今荷西如此称呼自己的父母，三毛是又惊又喜。荷西一向羞涩，如果荷西没有对自己深深的爱，又怎么呼之出口？

父母与荷西相处得一直很融洽，使荷西感受到中国式的温暖家庭。有一次，荷西还在父亲面前撒娇："爸爸，你说说三毛，让她给我买个摩托车吧！"家里的财政一直是三毛在管理，荷西想要那个摩托车很久了，因为担心荷西玩车会发疯，担心他的安全，三毛一直都没答应。这次听到荷西竟然在爸爸面前提起此事，三毛忽然想要流泪的感觉。

荷西的"爸爸"叫得亲切无比，根本没有三毛到荷西家里的生疏和窘态。三毛躲到卫生间，独自默默地用毛巾把泪拭去了。

不久，岳父给荷西买了那辆他一见钟情的摩托车。之后，荷西总是会带着岳父一起出去骑车，像一对开心的儿童，害得三毛和母亲一直在家里担心不已。可惜，那辆车，荷西只骑了一个月就永远地丢下了，这是后话。

在岛上待了一个月，三毛最后陪着父母一起去欧洲旅行。临行前父亲与荷西约好，明年会在台湾等着他。

那是一架小型的飞机，三毛在飞机上看着来送行的荷西，他满脸依依不舍，为了能看到三毛他们，跳过几处绿化的花丛，然后跟着飞机跑了几步。三毛一一看在眼里，懂得了荷西的不舍之情。

飞机终于起飞了，三毛还看到荷西使劲地挥动着双手，不停地说着再见，直到三毛安静地坐到座位上。邻座的一位太太开口说话了："他是你的丈夫吗？"她指的是荷西，刚才的情景她一一收在眼里。

是，三毛回答，之后两个人开始闲聊。后来，那个太太给了三毛一张名片，三毛看到了触目惊心的几个字——×××未亡人。

许是出现了太多不好的征兆了吧，三毛看着那三个字，仿佛瞬间让雷劈到了般，一动不动了。

在西班牙，失去丈夫的女人，要在自己的名字前加上丈夫的名字，然后是未亡人。那一刻，三毛有说不出的不舒服，像荷西一直说的中了邪一般。

是的，三毛一定感应到了。那隐藏在桩桩事情后面的真相，就要来了。

到了秋天，荷西出事了。而之后，三毛也成了荷西的未亡人。

那天，是中秋后的第二天，在伦敦，已是午夜一点过后了，房门突然响起了敲门声。三毛的心，跟着那门声，也咚咚地跳了起来。这半夜的敲门声，一定与荷西有关，三毛心惊胆战地想。

那个进了门的英国女人连连劝三毛坐下来。三毛像发了疯般，一张口就是："是不是荷西出事了？是不是荷西出事了？"多少天了，那一直悬在心上担忧的事情……三毛怕极了。

"是。"那个英国女人此时来访，本就不想隐瞒，她对三毛说，"荷西出事了，下水时遇到意外，此时那边的人们正在抓紧找他的尸体。"

三毛一下子晕了过去，晕在她的悲伤里，怎么可能，那刚刚离开不久、活生生跳着与自己道别的荷西竟然不在人间了？

三毛怎么敢相信，不会的，不会的，荷西不会消失的，一切都是他们弄错了。

三毛发了疯地摇头，她不相信，那个世上最爱自己的那个人怎么舍得丢下自己独自离开呢？

一切都是不能更改的事实。两天后，荷西的好朋友找到了荷西的尸体，荷西死在了他一生都热爱着的大海的怀抱里。

黄土最是无情物

三毛语录：我总是在想荷西，总是又在心头里自言自语："感谢上天，今日活着的是我，痛着的也是我，如果叫荷西来忍受这一分钟又一分钟的长夜，那我是万万不肯的。幸好这些都没有轮到他，要是他像我这样地活下去，那么我拼了命也要跟上帝争了回来换他。"

有一种人是为爱情而活着的，当最爱的那个人猝然离世时，那种撕心裂肺如万马分尸的痛感会侵蚀到身体的每一处，空气里到处都是他的影子，每一次呼吸都能感觉到他的存在，再也找不到活下去的理由。三毛就是这样，当荷西离去时，三毛觉得活着一下子就失去了意义。

三毛与荷西告别的时候，阳光正烈，寂寂的墓园里，只有蝉鸣的声音。

三毛把手里的红玫瑰轻轻地放在荷西的墓前。此时花儿正浓，它如血的红与这座孤寂的坟园多少有点格格不入。她是特意买的象征爱情的红玫瑰，而不是送的菊花。她就是要那个收花的人知道，她爱他，生时爱，死时亦一样地爱。

三毛的手指，一遍又一遍地轻轻划过碑上的名字——荷西·马利安·葛罗。她至此还是不能相信，那个碑下的黄土里躺着的是自己最亲爱的人。

她只记得最后分别时的场景。她正登机，他跳跃过一处又一处的花坪，只为能追赶着多看她几眼。那场景还历历在目，而斯人已去，她甚至没能在他离开时待在他的身边。

她未曾见到他最后一面。那个停放灵柩的小房子里，四根白烛，一张简易得不能称之为床的床。荷西就躺在那里，他的身体被一层白布所覆盖，她看不到他的脸，不知道他脸上有怎样的表情。那只冰冷的手，她捂了一夜，仍是一丝温度都没有。那凄凉的一夜，是他在人世间，与她相依的最后一晚。她把身体靠近他，那一身的凉，如此陌生，而那熟悉的身体在她的身旁一动不动，他再也不能像从前一样，坐起来同她说话，叫她的名字。他再也不会抱着她转圈子，什么也不会了。

此时，他的默然，像个无关的路人。

　　她颤抖着把手伸入那片黄土，想抚摸着他的脸，一次一次又一次，然后低吟："荷西安息！荷西安息！"只是那手，依然一次次地不肯放下。

　　她一次又一次地在心里大声呐喊："荷西，我爱你，我爱你，我爱你……"

　　一土之隔，阴阳永分。那年在塞哥维亚的雪地里，他们已经换过了心，逝人带去的那颗是活着的人的，活人身上的心是逝人的。埋下去的，是他，也是她的。

　　从此不管她在什么地方，那颗心里装的只是他，再无空间放下任何人。一直到人死灯灭！

　　三毛拿出自己缝制的口袋，抓一把坟前的黄土，一把，两把，三把，装入袋子，再轻轻地系住袋口。只有如此，无论身在何处才觉得和荷西是如此的亲近，他们同伴的黄土拉近了距离，无论走多远，握着这些黄土，如在身边。

　　不忍离去，即使是山脚下，那白发苍苍的双亲正翘首以待。

　　不忍离去，怕那无情的黄土冰冷了他伟岸的身子。

　　不忍离去，她要他给她一句哪怕是最短的告别。

　　不忍离去，她把双手再次插入土中，哪怕十指挖出血来，她要把他挖出来，再抱一抱他，告诉他，她已相思入骨，无人能解……

　　告别那天，她是被双亲拖走的。走时，她全身发抖，泪如血涌。这一走，从此天人永隔。

如果，人死了灵魂还在，那么她祈求，她一走，荷西的灵魂会跟着而来。

她日期夜盼，每个夜深人静时，她总是闭上眼睛，幻想着，荷西马上就会出现。她不吃不喝不言不语，活着只是为了等待时机死去。

双亲的陪伴想让她明白，这个世界上你还有责任，你不能扔下你已经年老的父母，让他们饱受白发人送黑发人的悲惨。她只知道她分分秒秒的思绪里只有荷西，还是荷西……

失去爱的人她还是那么残忍，那个深夜她说："如果选择了自己结束生命的这条路，你们也要想得明白，因为在我，那将是一个更幸福的归宿。"只有生命结束了才可以重生，才可以在某个不知道的空间里再次遇到荷西，那将是她想要的幸福。

一句话，双亲垂泪不止，母亲不敢说任何话，只是一直重复着说："你再试试，再试试活下去，不是不给你选择，而是请求你再试一次。"

父亲坐在暗淡的灯光下，语气几乎已经失去控制，他说："你讲这样无情的话，便是叫爸爸生活在地狱里，因为你今天既然已经说了出来，使我，这个做父亲的人，日日要活在恐惧里，不晓得哪一天，我会突然失去我的女儿。如果你敢做出这样毁灭自己的生命的事情，那么你便是我的仇人，我不但今生要与你为仇，我世世代代都要与你为仇，因为是——你，杀死了我最最心爱的女儿。"

父亲的话如一把把尖刀刻在心上，三毛坐在床上，泪如雨下，不能回答父亲一个字，房间里一片死寂。然后，父亲站了起来慢慢地走出去。担心三毛的母亲还待在原处落泪，除此之外，世界静得再无声息。

三毛才知道，自己是多么地疯狂，才会对父母说出那样的话来。原本是想安慰两位老人家，如果哪天自己真的离去了，只愿他们能懂得自己、理解自己，自己的离开是幸福的!

可是自己呢，何尝去懂得他们、理解他们，怎么感知他们的痛、他们的苦。生，原本就不是一个人的事，死亦是一样。即便大悲大痛，你都不能撒手而去，只能留在这个世界上，与那个相爱的人阴阳两隔，不能相见。

父亲满含仇恨的话，终于让三毛暂时放弃了离去的想法。只是从此以后，她不再是为自己而活，她只是暂时地活着。

无数个夜晚，无数次午夜梦回。三毛就躲在黑暗里，承受着几近噬骨的思念，那些相思像虫一样慢慢啃着她的身体，直到窗外的天空由墨黑变成鱼肚的白。

那泪就如窗外的雨，滴到房檐再滴上台阶，无声地砸出一排排的小坑。

不能言说的痛，不能说的劫难，不能说的摧枯拉朽，如果当初离开的是自己，而活着的是荷西，这些痛苦会是荷西独自承担了。终于明白，是不是还得感谢上苍，如果离去的是自己，那么留在这个世间受如此煎熬的就是荷西了。

三毛说："感谢上天，今日活着的是我，痛着的也是我，如果叫荷西来忍受这一分钟又一分钟的长夜，那我是万万不肯的。幸好这些都没有轮到他，要是他像我这样地活下去，那么我拼了命也要跟上帝争了回来换他。"

人死如灯灭，什么都成为永远的虚无了。而留下的，就要承受失去亲人的痛苦、相思的煎熬。毕竟，先走的是比较幸福的，留下来的，也并不是强者。在这彻心的苦、切肤的疼痛里，三毛终于醒悟，于是说："为了爱的缘故，这永别的苦酒，还是让我来喝下吧！"

不能死，却已经感觉不到生的任何意义与快乐。完全沉浸在悲伤中的三毛不得不选择继续着生，因为她不能做父亲的仇人——让他生生世世都恨的人。这样的仇恨，三毛更是担不起。

母亲总是懦弱的，对三毛的疼爱却不比父亲少一丁点儿。她端来饭食，以近似于哀求的声音说："多少吃一些吧！"三毛看着自己的母亲，她的憔悴不亚于自己，自己悲伤了多久，她和自己一样，除此之外还多了份对自己的担忧。可怜天下父母心。

三毛接过那些饭食，默默地开吃，虽然不知其味，如鲠在喉，她还是硬生生地咽了下去。

后来，三毛说："我愿意在父亲、母亲、丈夫的生命圆环里做最后离世的一个。如果我先去了，而将这份我已尝过的苦酒留给世上的父母，那么我是死不瞑目的，因为我明白了爱，而我的爱有多深，我的牵挂和不舍便有多长。所以，我是没有选择地做了暂时的不死鸟，虽然我的翅膀断了，我的羽毛脱了，我已没有另一半可以比翼，可是那颗碎成片的心，仍是父母的珍宝，再痛，再伤，只有他们不肯我死去，我便也不再有放弃他们的念头。"

相信三毛写下这些话时，已经放弃了自杀的念头。虽然思念荷西的痛还在，可是她已经知道世界上最坏的事情已然发生了，再也没有什么可怕的了。她只是在心里悄悄地与荷西对话，她要他知道，在那个他的世界里等着她，一直等，等到她的出现。

她相信，总有一天他们会再相聚。

母亲的背影

三毛语录：我坐在车里，车子斜斜地就停在街心，后视镜里，还是看得见母亲的背影，她的双手，被那些东西拖得好似要掉到了地上，可是她仍是一步又一步地在那里走下去。母亲踏着的青石板，是一片又一片碎掉的心，她几乎步伐跟跄了，可是手上的重担却不肯放下来交给我，我知道，只要我活着一天，她便不肯委屈我一秒。

拉芭玛岛，这座后来被三毛称作"离岛"的高岗上，有一处寂静的地方。最初刚来岛上时，三毛和荷西每次散步时，都会去那儿，虽然那是后来成为三毛伤心之地的地方。

那个镶了花的铁制大门里，站立着常青的丝杉，是，那是墓园里特有的植物。对，那个常去的地方，就是高岗上的一处墓园，而今，荷西已然在这里长眠了。

那厚厚的纯白色的墙，仿佛是一条永远的分界线。荷西待在里面，三毛隔在外面，咫尺却隔着阴阳，隔着天涯。

从此，每一个清晨，三毛的脚步都会不自觉地朝这里而来，墓园在清晨凉爽的气温里，有一层薄薄的、看不透的雾，有鸟在不远处低鸣，露水还未褪去，但只要太阳一升起，它便消失得无影无踪，一如人生苦短。

恍惚间，荷西还在，只是静静地待在别处，有着不能回来的难言之处，或许某一个清晨或者傍晚，他会忽然地出现，而不是永远地消失。

三毛常常站在高岗上，低头而望，那一眼的深蓝，必是荷西曾经工作过的地方。隔着不远，那古老的小镇上，是三毛与荷西的家。

就这样，静静地坐着，一直从清晨坐到裹挟了如死亡般幽暗的黑夜。直到那个老得不能再老的看门人，拿着锈迹斑斑的大铁锁，朝三毛走来，告诉她，"夫人，回去吧！天暗了。"

是的，天晚了，墓园也要上锁了。

跟着他，走过一排又一排的十字架，然后看着他掩上那道古老的铁门。转身时，才发现，前面是灯火阑珊的小镇之夜。

回到家里，前来开门的是一脸憔悴和关爱的母亲。她与父亲和三毛一同从欧洲归来，那原本是散心的旅行，因为荷西的意外，成了今日化不开的忧伤。

没有吃任何食物，却感觉不到饥饿的三毛，自己回来后，直接倒在自己房间里的床上，一动不动。

总是母亲跟着进来，手里必是少不了端着一个碗碟的。看着女儿不吃不喝，她的心就像刀割一般，却找不到任何相劝的话，只能重复着哀求三毛吃些东西，哪怕只是一口！

三毛实在是没有胃口，也难以咽下那些汤汤水水，继续不吃不喝，母亲只得无奈地端走那些东西。

第二天清晨，三毛又是早早地起来朝着山岗而去，带着头也不回的坚定。

父母在身后，只有默然地看着，却无可奈何。

那些荷西坟前的花，三毛看着它们一朵朵地从盛放到凋谢，之后再把那些埋在土里的残梗，一点点地拉出来，重新放上新鲜的花朵，那些白色的、红色的玫瑰此时开得正浓，而三毛眼里却看不出一丝丝生命的痕迹。

那天，三毛要去法院申请荷西的死亡证明。中午，三毛从山上下来。在邮局，三毛看到了自己的父母。

三毛有微微的诧异，这个小镇，对他们来说是陌生的。还有那些陌生的语言，他们更是如听天书。他们怎么跑出来了？

天气很热，正是午时，阳光无情地照耀在他们的脸上和身上，三毛看到他们脸上淌着的汗水。母亲穿着藏青色的衬衣，一条白色的裙子，手里握着一把鲜艳的康乃馨，黄色的。而父亲穿着前往离岛时慌乱中打包的唯一一套西服，竟然还打着领带，一副庄重的样子，他们要去做什么？

三毛看着他们缓缓地走来，然后问："你们去哪里？"

母亲说："看荷西。"

父亲更是急切地表达："找了好久好久，才在一条小巷子里买到了花，店里人也不肯收钱，话又讲不通，争了半天就是不肯收，我们丢下几百块跑出店，也不知够不够。"

三毛想，他们早早地从家里出来了，却不熟悉这岛上哪儿有卖花的地方，烈日下，他们一定走了很多的冤枉路吧！

她执意要开车送他们去："开车一起去墓地好了，你们累了。"

是母亲拒绝了，三毛有好多荷西的身后事要办理，她心疼女儿，宁愿大热天走在烈日下，也不愿意劳烦自己的女儿。

三毛一再请求送他们去，而母亲执意要走着去。最后，三毛听到母亲的话语间，竟然有了哽咽之声。三毛不敢再说，任父亲搀着母亲离去。

三毛站在他们身后，双眼一刻不离地看着他们。

母亲的腰什么时候不再是直直的了？父亲一手搀着母亲，另一手在腰间寻找着什么，那背影里满是说不出的伤悲，让他们每行一步都那样的沉重不堪。

周围的人来来往往，三毛看着父母离自己越来越远，眼睛在太阳下开始干涩地疼，却没有一滴眼泪出来滋润一下它。

再抬头，只能看到远处的半山坡上，一对老人与一束黄黄的花。

办完一些事，再去时，三毛看到那些黄花被母亲插在了别人的坟头。那是紧邻荷西的一座墓，里面躺着一位上了年纪的老婆婆。

三毛没有取下来，任它们开在别人的坟头，荷西一个人孤苦在另一个世界，那么，他的身边有个人能帮助，照顾一下，也是可以的。

不能怪母亲放错了坟头，这两个都是没有立碑的坟地，那天下葬时的混乱还在眼前。母亲一直担心着发了狂的女儿，怎么会牢记荷西的坟地？

是的，一定要给荷西做一个墓碑，那是他在这个人间唯一的名片了。

找了个熟悉的木匠，告诉他在碑上刻上"荷西·马利安·葛罗——安息"。最后在下面写上，你的妻子纪念你。

离开时，老木匠与三毛双手相握。他要她节哀，一定要好好地照顾自己。

碑因为刻的字少，很快就做成了。那个十字架很大，对三毛来说，那份重量，已然是超重了。三毛谁也没有告诉，一个人悄悄地去取了，她要亲自为荷西做这一切，就像生前伺候他一样，洗衣熨衣然后在他出门时帮他穿衣整理。

那天的风很大，路过海边时，大风卷起大浪，不时地拍打着海岸，被拍击成苍白浪花在天空中飞舞。怕车子在湿湿的路面上打滑，三毛小心翼翼地开着车，那条沿海的路因为海风的肆虐而变得空无人迹。唯一留在路边的一排木制老房子，也在苍茫的天地间变得憔悴而不堪重负地支撑着……

就在这时候，透过车窗，那朦胧灰暗的前方，三毛看到一个人影，正弯着腰，身体前倾着，在狂风与浪花中独自艰难地前行。

雨刷不停地滑过玻璃，又瞬间有浪再次扑上来，在模糊与清晰的交错中，三毛看到那个人腋下紧紧地夹着自己的皮包，她的双手各提着很重的物品，使得她不得不弯下腰，一步慢似一步地前行。她的发在风中乱飞，有时会忽然盖在脸上，而手却不能顾及，有时不得不把手臂抬高一点，低下头来，把脸在手臂上乱蹭一番……

近了，三毛才发现那个人是那么熟悉，却又恍惚不太像，是妈妈吗？三毛在心里想，是的，这恶劣的天气，本地人是不会走这条路的，只有不熟悉环境的母亲，才会不明原因地走在这里。

可是，这背影分明与前几日，那个穿着红色衣服与自己和荷西一起在山上采野果子的人区别那么大。此时，她那么落寞而悲伤，可那不停下的脚步却透露着不肯放下的倔强与坚强，像是无论发生什么事都不会放下来手里的重物似的。

想到是母亲时，三毛赶紧停下车子，向她跑了过去，那些重物，她要帮妈妈卸下那些重物。

"姆妈，你去哪里了？怎么不叫我？"

母亲的手不肯放开，依然抓着那些重物，生怕会累到三毛似的，不肯递过去。

"去买菜啊！"母亲的话轻描淡写，"我拿着超级广场的空口袋，走到差不多觉得要到了的地方，就指着口袋上的字问人，自然有人会拉着我的手带我到菜场门口，回来自己就可以了，以前荷西跟你不是开车送过我好多次吗？"

只有三毛知道，那个超市母亲是不识路的，不知道要走多少弯路，问了多少人，才能找到超市。想起母亲久居台北，却依然对台北的路弄不清楚，别说现在一个人在他乡，又在如此恶劣的天气，提着满手的重物，身边如猛兽般的大浪……三毛一想，自责不已。

是的，这么多天了，当荷西离开后，三毛完完全全把父母忘记了，只是用悲伤将自己一层层地包裹着，全然感觉不到父母也在和自己一样受着痛苦的煎熬。在这个国度里，三毛才是他们的指明灯，从语言到地理，哪一样对他们来说都是陌生的，而三毛却独独忘记了，让他们在这里陪着自己受罪受难。

三毛这么多天不问世事，不理人间烟火，而他们是不是也如自己一样，食不知味，睡不知眠！

只记得荷西葬礼那天，三毛被打了镇静剂，一直躺在床上一动不动，而母亲却一直在厨房里忙碌着。她对女儿放心不下，却不得不在照顾那群从西班牙飞来的荷西的家属。事后，三毛才知道母亲是如何发着抖，如何在人声鼎沸中一次次炒菜，只为了给荷西的母亲和哥哥姐姐们开饭，而他们悲伤来时就哭上一阵，然后吃一阵，最后就忙着去抢购那些岛上的免税的烟酒或者相机手表之类，像一群匆匆的过客，只是为了不得已而来的亲人的葬礼，之后把所有的琐事与悲伤留下来，不顾不问。

只有自己的父母，一直都在，像天使一样守护着自己。

三毛要抢母亲手里的东西，送她回去。母亲躲闪着，担心那些重物压迫到三毛本来就不好的脊椎骨，死也不肯放手。母亲担心三毛去镇上有重要的事情，就辞别三毛，加快步伐向前走去。

三毛的心开始狂痛起来，那多日来几近不能呼吸的感觉又来了，左侧的肋骨也开始刺痛起来，三毛只有放了母亲，慢慢地上了车，趴在方向盘上，用手压住肋骨发痛的地方。

　　而母亲，像是怕三毛追上来似的，已经走得很远了。是的，只有自己的妈妈，才会如此待自己吧！哪怕自己受再大的罪，都不要女儿来分担一丝一毫。

　　已然流干的泪，在此时，突然汹涌而出，为什么爱带来的都是辛酸和苦痛？一直以来，因为荷西的离去，三毛都觉得自己只是在这个世界上一具活着的尸体而已，那么多天无泪的日子，三毛以为自己麻木了，不会再有痛了。可今天因为母亲的背影，三毛再一次感觉到痛了，同样是爱之痛。

第九卷
人生残梦

岁月极美，在于它必然的流逝。春花、秋月、夏日、冬雪。

不死的承诺

三毛语录：因为我一生重承诺，很重承诺，不肯轻诺，一旦承诺了便不能再改了。你让我走了，临到门口，又来逼，说："你对我讲什么用，回去第一件事，是当你母亲替你开门的时候，亲口对她说："'妈妈，你放心，我不自杀，这是我的承诺。'"

还是父母不放心三毛一个人待在这座离岛之上，他们回台时，唯一的要求就是带着三毛回去，不再对三毛有任何妥协。

三毛回家了，那是荷西未过百日的时候。三毛的整个身心都沉浸于巨大的悲伤之中，眼前脑里一刻不离的都是荷西，荷西……

活着，已然没有任何意义了，随荷西一同归去的念头一日胜似一日。

终于有一天，三毛对着母亲和父亲说出了心声："如果选择了自己结束生命的这条路，你们也要想得明白，因为在我，那将是一个更幸福的归宿。"

所有的人都开始担心，怕一个不小心或者疏忽，三毛就会做出自杀的事情来。可是，要无时无刻不看着她吗？她如果想死，是谁也救不了的。

琼瑶来了。不知道是不是父母想到的唯一能救得了三毛的人，可是大家都知道她在三毛心里的位置，那么重！

在当时，她是三毛眼里最亲的陈姐姐。记得当年三毛还是休学的时候，开始在报纸上看琼瑶连载的小说《烟雨蒙蒙》，那时的三毛每天早上六点半，必会坐在自己家的台阶上等着邮差把报纸送来，不待它入了邮箱，便抢在手里，迫不及待地翻到那天的连载地方，开始津津有味地看。如果一天没收到报纸，没看到那只有区区几百字的连载，就像丢了魂一般。

之后，三毛的弟弟在大学时代发生了一件事情，不知道是什么事情，最后是琼瑶和自己的丈夫一起出面才解决的，三毛一直对他们充满感恩。

所以，对于琼瑶，三毛从里及外都有着不可言说的爱戴。见面总是亲亲地叫一声陈姐姐。

三毛常年在外流浪，不常在台湾，每次回来，琼瑶也很忙，见面的机会很少，即便是电话也是少之又少，担心会打扰到对方。

第一次见面是三毛结婚不久，回台湾时去琼瑶的家里做客。那天，三毛紧张得什么话说出来都是结巴的，不停地在琼瑶的客厅里喝着茶，担心自己的那身衣服是否合体，可是那是自己最好的衣服了，因为沙漠里强烈的太阳照射而褪了色，看上去像一件很旧的衣服。

三毛的拘谨使她完全忘记了那天都聊了些什么，只记得离开时，琼瑶一脸笑意地站在那儿问她何时离开台湾？

即便是这样平常的问话，三毛亦回答得语无伦次。是的，三毛完全是被吓到了，眼前的人，分明是多年前那个坐在台阶上盼着的偶像。如今，偶像在眼前，怎么能不让她手忙脚乱？

那是几天前，三毛在离岛接到琼瑶的电报："Echo，我们也痛，为你流泪，回来吧！台湾等你，我们爱你。"

那一刻，三毛泪如泉涌，感谢那个远在家乡的却和自己心有相通的陈姐姐。

一定要回去，与陈姐姐彻夜长谈。

一身的黑衣，拿着如火的红花，站在姐姐的门前，三毛怎么也不敢进去，她怕自己是个不祥的人。

后来，三毛被琼瑶硬拉去了，坐在沙发上，还未能喘息，一杯香气四溢的热茶就递到了眼前。一样的地方，一样的茶，眼前一样的人儿，可是却是两种人生了。三毛再也不是当初那个刚结了婚，一脸幸福而拘谨的三毛，往事历历在目，身上的黑衣格格不入，眼泪狂流而下，一次次地落在衣襟之上，干了又湿。

那天深秋的夜晚，整整七个小时，三毛就待在那个沙发上，而陈姐姐就坐在不远处，不停地讲，讲家，讲父母恩情，讲人生，讲境界……凡是能跟活下去拉上关系的，她无一不讲，而三毛一直坚持着，已经好久没吃过主食，一直靠着汤水维生，此时早已接近崩溃。

琼瑶像是不会累似的，不停地讲，不停地劝，并不时递过来一杯杯茶水。整整七个小时，从晚上一直讲到天边有着鱼肚色的白。琼瑶做这一切只是想要一个承诺，一个三毛从自己口里说出来的承诺。

而三毛早已在回台湾前就安排好了一切，送父母回台湾之后，便是自己结束生命之时。

此时七个小时的车轮战，是琼瑶非要听三毛亲口告诉自己，不可以死，从此后再也不要生出自杀的念头。

听着七个小时的喋喋不休，三毛只觉得如坐针毡，她想要回家，这一要求却被拒绝了。没有那句话，她不得离开此地。三毛点头了，不得不亲口对着自己最敬爱的陈姐姐吐出这几个字："我答应你，琼瑶，我不自杀。"

　　说了一夜的琼瑶终于露出了欣慰的笑容，她知道，三毛一生都重承诺，说出去的话，就是放出去的信用，三毛不会毁了自己的信用，她可以放心了。

　　临送三毛出门时，为了坚定三毛的信念，她又要求三毛回到家里第一句就对母亲说："妈妈，你放心，我不自杀了，这是我的承诺。"

　　离开的路上，三毛开始后悔自己的承诺，她怕自己做不到，而那承诺便是负了对方。

　　就是这句承诺让三毛活下去了。

　　三年之后，当三毛重新站在琼瑶面前时，她们是彼此笑着拥抱了对方，之后亲切地双手相拉，无须言语，眼睛流动着的是爱与关怀。

　　三毛终于熬过来了。因为被琼瑶逼出来的承诺，她不得不活下来。时间可以化解一切，当年的悲伤已然被化解去了大半。如今，三毛再也不是那个深夜只会泪流满襟的那个三毛了，此时她一身彩衣，笑容温暖。

　　她们就站在院子里，欣赏着一院子的花、树与绿色的植物。此时也是秋天，天空中有微微的冷，伴着丝丝若有若无的花香。过去，终于只是过去了。

　　还是那样的茶，透着清雅的淡绿。就这样接过来，一杯，两杯，三杯，多像在沙漠里阿拉伯人必喝的三道茶——第一道苦若生命，第二道甜似爱情，第三道淡如微风。

而此时，面对着陈姐姐以及姐夫，三毛真的感受到什么是淡如微风了。

在心底里一百遍地道着谢谢，可是一句也说不出口。有些感谢是不能说出来的，要放在心里，一直存在生命中，那才是真正的感谢。

梦里花落
知多少

三毛语录：我开了温暖的落地灯，坐在我的大摇椅里，靠在软软的红色垫子上，这儿是我的家，一向是我的家。我坐下，擦擦我的口琴，然后，试几个音，然后，在那一屋的寂静里，我依旧吹着那首最爱的歌曲——《甜蜜的家庭》。

答应了不能死去，那么接下来的要面对的就是日复一日的明天，明天会是什么样子？朝阳正常升起，这个世界不会发生任何的改变，而三毛的世界已然是变了，变得灰天暗地。

还是要回去的，回到和荷西共同的家。那里有海，有天，还有那一望无际的满是哀愁的沙滩。

告别家人，告别朋友时，他们不约而同地问一个问题：三毛，你将来怎么打算？以后一直要一个人过日子吗？

在这个人间，哪一个不是孤独地生，孤独地死？是的，我们都是，赤条条地来，孤单单地走。以后会有什么样的生活？三毛也在问自己，是不是还会像从前一样，洗衣，做饭，擦地，管她的盆景，铺她的床。偶尔，也会去小镇上，在买东西的时候，跟人说说话，去邮局信箱里，盼一封他人的来信。也可能，在天气晴朗，而又心境安稳的时候，会坐飞机，去那个最后之岛，买一把鲜花，在荷西长眠的地方坐着，直到黄昏。

是的，一切都平静了。这个世上最恐惧的最坏的事情都发生过了，还有什么可怕的呢？三毛连死都感觉是如此幸福的事，还有什么不幸福的吗？

朋友们劝，还是不要回去了，就留在这里，至少有我们，这里的一切都是安全的。

这些都不是三毛心里想要的，她想回去，荷西还在那儿，他坟前的花早就枯萎了吧！如果她不在，谁会送一把鲜艳的花给他？谁会陪他从清晨到黄昏？她要看着他，好好地安息在那儿。还有和他共有的家，一定布满了很厚的灰尘了吧！那些荷西的照片，也要擦拭一下吧！一切，那里的一切都在召唤着三毛回去。

不安全怕什么，要不养条恶狗，或者放一把枪在自己的枕下，谁要来犯，保准让他们有来无回。

好吧，回去，带着不死的承诺，飞越千山万水，再次回到荷西的身边吧！

　　飞机最早是停在巴塞罗那的机场的，西班牙，终于又一次来到了你的怀抱。在巴塞罗那，穿着一身黑衣的三毛去了游乐场。这里所有的人都是陌生的，没有人认得三毛，那个金发的小男孩问三毛是不是一个人时。三毛笑着回答说："不，我和先生结伴来的。"

　　是，荷西一直都在，高高的吊车上，荷西不正坐在自己的身边，看着自己吃着小女孩子才有的棉花糖……三毛恍惚是忘记了，终是那身黑衣，在满山的彩色缤纷中如此的醒目，直刺人眼。

　　深夜，那个在马德里的家，作为儿媳，不情不愿，却终是要回去的。婆婆一脸惊讶，没有想到三毛会突然地出现。

　　婆婆待三毛一直都冷淡，只是这一刻看到荷西的亲人，三毛还是情不自禁地扑了上去，一声马利亚妈妈之后，如鲠在喉。

　　那天进门的第一晚，婆婆就提出了三毛与荷西的房子，那处加那利群岛的房产，法律上有她的一份，她一直在惦记着。

　　三毛一身疲倦，又不想在初见面的情况上就讲那些分分合合伤感情的话。

　　可是，到了第二天，一家人正吃饭时，荷西的姐夫又一次提出来了。原本看似团圆的场面，像一场难堪的受审会，婆婆哭哭啼啼，公公装聋作哑，心思却全在那套房子上。

三毛看着身边写着荷西名字的餐具，心生悲伤。可是，眼前的人是荷西生前最亲的家人，任凭自己再委屈，这份父母的养育之情，三毛都会记得，也绝不会为了身外之物，与他们决裂，只恐伤了在另一个世界的荷西的心。

只有荷西的妹妹一直看不下去，劝慰着三毛。

那天，三毛与她一起喝着咖啡，不时有树上的飞絮落在妹妹的肩上。三毛小心地把那些飞絮一点点地拂下来，之后说："荷西的死，难道还不能让我们懂得吗，人生如梦啊！"

是啊，一切都是过眼浮云了，房子算什么，如果你们要，那么这个生命也可以拿去的。

只是在那天，三毛也忽然想开了，再也不要那一身的黑衣，她要换上最艳丽的衣，去见荷西，那才是荷西最喜欢看到的自己呀！

三毛迫不及待地飞到加那利群岛，哪里也不去，先去花店买了荷西喜欢的鲜花，店里的人们看到三毛欣喜若狂，握着她的手，久久不肯放下来。

走在去山上的小路上，一辆车子突然停下来，一对不相识的男女对三毛说："上车吧，我们带你去看荷西。"

莫愁前路无知己，天下谁人不识君。在这里，人们都知道了三毛，这个有着黄色皮肤的异国女子，以及她与荷西传奇的爱情。

下了车，与相送之人点头道谢，之后一抬头就看到了荷西当初停灵的那间房子，心便狂跳了起来。那是与荷西最后一晚待的地方，这一生再也不会忘记了，那晚的冷，直入骨髓。

不敢停留，三毛快步向墓园走去，绕过那一排排的十字架，荷西的墓已然在了眼前。三毛的心跳开始加速，步子也越来越凌乱。荷西，你看到我了吗？我回来了？三毛在心里对着荷西说。

只一年，那墓碑已然变形鼓起，上面的荷西的名字也淡得看不出是谁。如此荒凉，三毛开始自责，都是自己的错，都是自己远在台湾，让荷西的墓地变成今天这个样子。

心开始痛，犹如万箭穿心般。不要，一定不要你的墓地这个样子。三毛把花放在盛清水的瓶子里，然后匆匆下山，买油漆，买金粉，重塑这里的一切。

回来之前，一切都想到了，却没有想到这个最重要的地方，竟然不是自己印象里的样子。

拿了油漆与刷子之后，也来不及与相熟的人一诉别情，三毛就匆匆地赶到了墓园。还没走到荷西的坟前，一阵接着一阵的铁镐声传来。

不远处，一座坟刚刚被打开，三毛看到熟人马诺罗正好也在。除此之外还有另一个工人和一个一身黑衣的女人。

"你们在捡骨？"三毛问。马诺罗点点头，向那边的女人望了一眼。"要装去哪里？""马德里。"那个女人轻轻地说。五年了，是的，在马德里，在异乡去世，只有满五年了才能把尸骨带回去。

那些尸骨拣出来时，一定要家人看了签上字才有效。那个工人一直在等着黑衣女子签字。而黑衣女子站在那里，迟迟不动。三毛知道她心意，不敢看，那原本是最亲爱的人，如今却是一堆白骨，让她情何以堪？

三毛替那女子去了，五年，那尸骨上的衣服尚在，只是经工人一拉，那些衣服像灰尘一样飞了开来，三毛才看到那衣服下的白骨，只一眼，三毛天旋地转。

五年，是不是自己也要有此一刻，自己如何去面对荷西那副白骨？在目送着女人和马诺罗等人离开后，三毛才将自己快要失控的情绪发泄出来。她扶着一棵树靠下来，脑海中不断回想起那具白骨的模样，心如死灰。

伤到极致时反而无泪了，三毛静静地平复了情绪，开始上油漆，一层一层，仔仔细细，像贤妻对良夫一样。

当时已经是入夏的天气。天气已然开始炎热，三毛就这样刷上一次就靠在树下休息一会儿，等着那些油漆干透了之后，再刷第二次，之后再等着它们干透，再接着刷第三次……

三毛多想此时荷西还在，她累了、渴了，可以靠在他的身边，没有悲伤，没有眼泪，只有静静地，听着空气的流动，然后不知不觉地睡一下。

一个人的日子

三毛语录：我们来到这个生命和躯体里必然是有使命的，越是艰难的事情便越当去超越它，命运并不是个荒谬的玩笑，虽然有一度确实是那么想过。

荷西走了，走得那么仓促，甚至在三毛后来的日子里，一直恍惚觉得荷西只是暂时离开。在她心里一直有个念头，某一天，荷西会再回来。

曾经的美好还一一在心头，转过头，眼泪就滴滴落下。任是三毛如何坚强，许多个无人的夜，三毛从天黑哭到窗外出现鱼肚色的白，流泪成了那些失去荷西的日子里最习以为常的事情。日日蓬头垢面，眼肿如桃，这样的日子何时是尽头啊？

今朝始知分阴阳，那个离去的人终是回不来了，而三毛也像是死了又活，活了又死，痛，无以复加。而因为父母尚在，三毛最终放下了跟随荷西一起走的心愿，只想在余生里，陪父母过简单的日子。

终于习惯了一个人。一个人生活，一个人喝酒，一个人在深深的夜里吸烟。在浓浓的烟雾中，荷西的脸渐渐清晰，挥手触摸，却化成一缕青烟，渐渐消失不见。

三毛把对荷西的思念，用另一种方式表达出来。

三毛开始写字，写与荷西在一起的日子，那些快乐的幸福的日子；曾经有多快乐，现在就有多伤悲。渐渐地，独处的生活也自得而安然。

每一个深夜到黎明，三毛家里总是灯火通明，深夜对于三毛来说是漫漫工作的开始。很多日子，三毛总是伏案工作到很晚，既是因为工作忙碌，亦是因为她怕夜里自己的梦，那深深浅浅的梦境里，总是荷西那挥也挥不去的身影。所以，三毛说当黄昏来临，看到华灯初上，夜幕开始低垂，心中充满了莫名的欢喜和期待。

与父母一起住的时候，三毛担心自己凌晨才睡，会扰乱了他们的生活。现在终于好了，一个人独住，再也不必担心，晚睡晚起时心里的愧疚。

一个人的天地，时间都是自己的，无论怎么样的安排都是欣然的，终于可以做到不负我心了。

这样的静寂的深夜，泡上一壶清茶，点一支淡烟，支起一盏明亮的灯，捧着一本心爱的书，与书中人物秉烛夜谈，三毛连神仙也不愿意做了。

读书与流浪始终是三毛一生都在坚持的，正如她所说，一日不读书，就感觉面目可憎了。

还可以一个人去海边，那些人满为患的海滨浴场是去不得了，可以一个人开车，去郊外的海边，海会在突然的一个转弯处出现，没有海滨浴场的堤防线，白浪就忽然滚滚而来，风在瞬间也就变得凉爽入骨。阳光下，那海，那通往海边的路，忽然有了淡淡的哀愁与忧伤。

这是三毛一直喜欢的感觉，空旷无人，却无比安详，还有岁月淡淡的味道。风从车窗吹进，三毛的长发有时会掠过眼角眉梢。一切刚刚好。

车子慢行再慢行，终于走过了那条时而宽时而窄又时而颠簸的路，海边的稻田一如既往的绿，海风总是吹呀吹，稻田里起伏着如海一样的波浪，三毛的发也被风吹过脑后。三毛不得不眯着眼睛，一步步地接近那片海。

走过遍布卵石的海岸，独立于海边。此时阳光明媚，海风习习，白色的浪花一点点飞舞，此时天地是一片苍穹，而三毛的心，也如天地一般，清澈透明。

那个随身带着的席子,可以铺在海边,站累了就躺在上面,接受大自然的洗礼,再也不用去想台北拥挤的街道,如水川流的人群,三毛对于如此偏僻的海是那么地心生向往。

于是,三毛在十一天里去了那里三次,那还算遥远的路,在三毛如此迫切而喜悦的心情里,变得短而又短。生命原本就是一场旅途,旅途中我们会遇到一些人一些事,然后记住我们应该记住的,淡忘一切无关的……直到归去,也无风雨也无晴。

三毛也曾试着带上自己家人一起到海边,可是感觉却全然没了,一车子人在车子里你一句我一句,还不能随意打开窗子,因为有人会嫌风吹得过于猛烈。而三毛又不能告诉自己的亲人,在车子里不要说话,所以最初一个人的感觉都荡然无存了,这海边所有的味道都变了,还是一个人独自来吧!

在台湾的日子里,三毛最钟爱的就是自己的马儿了,所谓马儿就是三毛的车子。三毛每次出行都会拍着马儿说,乖,一定好好的。马儿很乖,倒是三毛这个主人会做出些许不乖的事情来。

那天,姐姐要开音乐茶会,作为妹妹的三毛一定是会到场喝彩的。当然,一起去的还有父母以及弟弟侄女一大群人。

事情的出现完全超乎想象,三毛和一家人准备离开时,天空忽然下起了大雨,体恤父母的三毛叮嘱他们站在原地等自己。自己一个人去开车过来。却想不到，那原本停在停车场的车子，自己刚一坐进去，竟然开始慢慢下沉。原来，停车牌被人动了手脚，放到了积满水的池塘边，而眼神不好的又不熟悉周围环境的三毛竟然把车子停了过去，还好是眼尖的小侄女看到姑姑的车子在一点点地沉没，大声地喊了出来，众人才七手八脚把三毛救了出来。

事后，弟弟告诉三毛，如果没看到，还会以为她独自开车离开了，因为他对三毛独来独往又不事先说明的状态早已习以为常了。要真是那样，结果就不敢想象了。

三毛倒是觉得一个人独来独往的生活是安然自得的，看书、流浪，心是一个人的。空闲了也会去一一地回复那些寄到自己邮箱里读者的信，为他们指点迷津。在自己特有的空间里做自己喜欢做的事，终于可以不负初心了！

春天花会开

三毛语录：这一生，没有一个学校、一个班级、一位老师，曾经带给我如此明显的喜悦，想不到，却在美国这第四次再来的经验里，得到了这份意外的礼物。

西雅图有个美丽的昵称——翡翠之城。因为这里是座长青城，而真正的西雅图的春天，除了有着极致的自然之美外，还有收在三毛眼里的人与人之间的相处之美。

那个社区大学里有着来自世界各地的人们，阿雅拉和瑞恰是犹太人，却有着迥然不同的性格。阿雅拉是个画家，她整个人就像一幅色彩鲜明的油画，为人更是锐利，对喜欢的事物抱着像夏日太阳一样的热情，对讨厌的事物则嗤之以鼻。而瑞恰永远是平衡的冷静，很适合她的职业——护士。对任

何人都是一副面孔，也许是她的职业原因造就了她现在的
样子。

有两个伊朗女孩子，一个是建筑师的太太，喜欢把自己
打扮得像孔雀一样高贵，谈起自己正处在水深火热的祖国时，
虽然能看到她眼泪在眼眶里打转，可就是保持着不让掉下来。
另一个一说到祖国时就会恸哭一场，只是三分钟后，你就可
以看到她又可以很欢快地开始画画了，这是她特有的性格，
是她本性的快乐。虽然悲伤袭来时，会尽情悲伤，可是过了
一会儿，悲伤就会消失，取而代之的还是快乐。

还有来自日本的、南美洲的，最特别的是一位来自东南
亚的新同学。她的皮肤是棕色的，有着深眼窝、高鼻梁、薄
嘴唇，头发很长，微卷着散在腰间，身材很苗条，总穿着一
身合体的连衣裙。每每一抬手，大家都能注意到她的手里一
排排的戒指。可惜的是她的英文太烂了，可以说不怎么会说
英语，只是会几个简短的单词，每次说话只能一个单词一个
单词地说。阿雅拉对她极不友好，总是找机会使她难堪，第
一天上课，就让她当着全体同学的面介绍下自己，而她只是
说了说自己来的地方，便缄口不语了。她甚至没有教科书，
只是一个人坐在离讲台很远的地方，默默地不发一声。

三毛看着她孤单可怜，于是移到她的座位边上，还把书
放在两个人之间一起阅读。新同学很感激，只是不能用语言

表达，感恩之情溢于面上。三毛总是笑笑地摇头，告诉她别客气。

女人根本就没有要买教材的欲望，当三毛告诉她，哪里可以买到书本时，女人摇头说："我不买书。"

三毛很吃惊："为什么？"

女人说："我，来试试。"三毛和女人聊着天，才知道她已结婚，丈夫是个美国人。说到她丈夫时，她也不自觉流露出得意的神色。说着说着女人用她的脚轻轻地踢了下三毛，三毛这才看到女人的鞋子半穿半脱，刚才的一踢并非有意，而是她无意晃动鞋子时碰到了三毛。这个动作，如果换个人，三毛一定会感觉风情无比，可是在此时，三毛突然感觉，女人的动作并不高尚。

当知道女人在美国已经十一年了，而早在十六年前她就嫁于美国人了。十六年，天天与一个说着英语的家伙在一起，竟然还对这门语言如此陌生，三毛感觉有点不可思议。

新同学看到三毛惊诧的眼神，于是问："你，找个美国老头子嫁了，做个美国人不好？"

三毛没有回答。

新同学接着很传神地说了一句："嫁给白人，吃他一辈子，难道不要？"这是三毛听到她说得最长最流利的一句英语。

阿雅利已经注意三毛和新同学很久了，后来又上课时，她将三毛拉走，并说："那个女人你别理她——廉价。"阿雅利总是这样，说话十分直率。

而三毛却总是能透过表面看本质，她觉得，新同学之所以这样也许和她的经历有关。当时，美越战争已经持续很久了，战争状态下，每天经历着自己国人的死亡以及日日饥肠辘辘的生活，谁的思想不改变？这是苦难和生活背景赋予她的思想，三毛对她怀有怜悯之心。所以到了最后，全班人只有三毛和新同学做了朋友。

与新同学截然不同的是班上的几个日本女子，她们的老公都是大公司驻在美国的代表，生活安稳又加上经济状态好，所以她们看起来自信、礼貌，就连气势中都含着悠然自在。其中，三毛最喜欢的是细川，三毛是这样描述她的："日本同学细川，阅读方面浩如烟海，要讲任何世界性的常识，只有她。有一次跟她讲到日本的俳句，不能用英文，我中文，她日文，笔谈三天三夜不会谈得完。在衣着和表情上，她不那么绝对日本风味，她是国际的。在生活品位上，她有着那么一丝'雅痞'的从容和讲究，又是个深具幽默感的人。不但如此，在金钱上亦是慷慨的一个君子。我从来没有在日本人之间看过这么出众的女子。一般日本人，是统一化的产品，她不是。"

短短几句话，我们不难看出，三毛是描述与观察的高手，并且她乐在其中，她对班里的每一个有着特点的同学都有着细细地观察和描述。

还有剩下的三分之一同学。三毛说，那是有着做间谍的底子的人，因为同学做了三个月，临近毕业，还是依然叫不上他们的名字，以及记住他们的面孔。因为他们实在太过普通，普通的面孔，普通的衣着，普通的思想，普通的表现，就是你想记住都难。然而，他们最大的优点就是这样日复一日地坚持着普通。

三毛很感谢能和这么一群精彩的人成为同学，经历了三个月的学习期。有时，三毛会忍不住地说："我觉得我们班太精彩了。"

那个叫艾琳的老师便会说道："可是，你是那个团结全班感情的力量，要加上——你，班里面才叫好了。"

三毛无愧于老师这样的表扬，因为每一个人，三毛都和他们相处融洽。这与之前三毛曾经的学生生涯里的经历完全不同，那段可以说让三毛自闭的中学时期，是三毛一直不想提的往事，以至于后来，三毛一直对上学心存后怕。而现在不同了，她终于可以放下前尘往事，这是上天在多年后，以同样的方式给予她的完美的、惊喜的礼物。

在学校，三毛一样也是开心的，她在这里也曾遇到个纸人老师，和自己一样的中国留学生，一群大孩子，活得精彩绝伦。和三毛最后成为朋友又彼此欣赏的是一位叫作周霁的大男孩。那段时间，三毛的车子后面总会有一架单车。他们一起去田野，去商场，去电影院……三毛说，那段日子，不再是下课去泡咖啡馆、图书馆，我脱离了那一幢幢方盒子，把自己，交给了森林、湖泊、小摊子和码头。

字里行间，我们都能感受到三毛的快乐和平静。笑可以像疯子一样开怀，开心无处不在，只要你愿意，你完全可以像个中学生一样，全然忘记自己人到中年。

到处都是春天，只要你愿意接受春天。

可怜无定
河边骨

三毛语录：我在小院中轻轻放慢步子走着，一块一块的墓碑都去看看，也是很有趣的事情。有一天，我在一块白色大理石光洁的墓地上，不是墓穴那种，念到了一个金色刻出来的中国名字——曾君雄之墓。

总是会在山坡之上，甚至在高处能看到广阔无垠的大海，海天一色，分不清哪是分界线，有海鸟孤独地飞来飞去，空气里流淌着它凄婉的叫声。

世上最寂静的地方就是墓园了吧！那台阶一层层，墓碑一个挨着一个，逝人都在。有海风吹来，空气清新而潮湿，在风中凌乱不堪，黑色的衣，加上墨镜，无须渲染，这里早就是一片悲伤之地。

　　三毛的朋友尼格拉斯的妻子露斯过世了，尼格拉斯痛不欲生。

　　妻子的离世让尼格拉斯一直放不下，每两周去墓地看望妻子成了必修课，每次去就会叫上三毛。尼格拉斯行动不便，他一直坐在轮椅上，甚至连上下车，都得靠三毛的帮忙。

　　尼格拉斯每次去，都会带许多红色的玫瑰，那些玫瑰也是三毛代买的，朵朵都新鲜欲滴，娇嫩无比。那些玫瑰就放在尼格拉斯的膝上，远远望去无限伤感。

　　从小三毛就喜欢去墓地的，不知道是不是因为喜欢那里的寂静。

　　那是一个叫圣拉撒路的墓园，拉撒路是圣经上耶稣使他死而复活的那个信徒。露斯生前是基督徒，选择这里是最合适不过的。

　　那些玫瑰花，鲜艳如火，与寂静的墓园相得益彰，三毛推着尼格拉斯，一路无语，唯恐惊了这里的寂静。

　　露斯的墓地是公寓式的，她的旁边住着另一个朋友加里。三毛想，另一个不为人知的世界，至少他们两位相邻，不至于太过孤单无依。那些之前放的玫瑰都已凋零枯萎，每次都是三毛把枯了的取出，然后放上新鲜的玫瑰。之前的败落一下子因为花而变得有了生机，那些墓碑上的微微尘土，三毛也会细细地拭去。尼格拉斯每次带的花都好多，两个花瓶都插不完，多余出来的，三毛会放在加里的墓前，算是代为加里的家人扫了一次墓。

做完这些，三毛就会静静地离开。那是属于尼格拉斯与他的妻子露斯的时间，他要一诉离别之苦。

余下的时间，三毛会在坟园里默默转一圈，随便看一看，无聊地打发下给尼格拉斯的时间。

那是三毛无意间发现的一座与众不同的坟茔，不同之处在于，那座坟的主人竟然是一位中国人。在西班牙人的天下，竟然有一座中国人的坟墓，也算得上是一件奇怪的事情。

三毛顿足而立，那是一块白色大理石的墓碑，它散发着特有的光泽，还有意想不到的圆润，醒目的金色字体，明明白白地写着——曾君雄。那是一个具有中国特色的名字。

三毛不自觉地低下了身子，这位陌生的国人一定是故乡人吧！不知道他生前有着怎样的遭遇，却成了今天这个异国的作古之人？

坟的四周没有像他一样的中国人，他确确实实是孤魂一个，客死异乡了。可怜无定河边骨，犹是春闺梦中人吧！想到这里，三毛的心便起了怜悯之情。

不能，不能让他的坟也成这里的孤坟吧！

于是，三毛拿出包里的湿巾，细细地擦拭起那碑上的尘土，轻轻地，生怕惊了这寂静的园地。

之后，三毛看到尼格拉斯那儿正艳的玫瑰，反正数量也多，于是轻轻地折了回去，在尼格拉斯的身边低语道：可不可以暂借一点花，那边有个中国人的坟墓，送他几朵吧！

尼格拉斯也是善良的人，很是理解三毛的心情。三毛把花轻轻地放在曾君雄的坟前，心中默默地对他说："曾先生，我们虽然不认识，可都是一个故乡来的人，请安息吧。这朵花是送给你的，异乡寂寞，就算我代表你的亲人吧！"

之后，再来看露斯，三毛必然会去曾先生的墓前，像亲人或者朋友扫墓一样，替他打扫一下墓地，顺便送上几朵花儿，虽不知道那个看不到的世界里是否真的有灵魂存在，只是聊表下对于故乡人的关怀，让他不至于在此没有一个祭拜之人，太过孤苦寒心。

应该有感知的，后来的三毛曾两度在梦里遇到曾先生，看不清脸，却清楚地知道来人是谁，并在梦里礼貌地道谢。

后来，三毛写了段小文纪念在异国遇到曾先生之坟的事情，起因很简单，希望曾先生的家人能看到，可以找到自己失散亲人的消息，哪怕是已经死亡的消息。

很久之后，当三毛已然淡忘了这件事后，有人找来了。

那应该是曾君雄的兄弟，已然多年没有曾君雄的音信了，家人无数次寻找都是无果，不知道是谁看到了三毛的那篇文章，于是写信通过杂志转给三毛，询问亲人的下落。

对于来信，三毛看了长久，心里说不出的堵。多年音信全无，如今要面对的竟然是亲人已亡的消息，这让他们情何以堪？

然而，这是不争的事实，没有人能改变。

曾家人为了感谢三毛，特意提出请三毛吃顿饭，三毛婉拒了。那饭，她怎么下咽？

之后，三毛再去西班牙时，必会替曾家人去曾先生的墓前，轻拭墓碑。如果他们愿意，烧一些中国风俗里的纸钱，三毛也是愿意帮忙的。经历过那么多事，对生与死，三毛更看重的是感情。

唯愿死者安心，生者无牵挂。帮助他们，在自己的能力范围之内。

第十卷
相逢何必曾相识

心之何如，有似万丈迷津，遥亘千里，其中并无舟子可以渡人，除了自渡，他人爱莫能助。

关于写作

三毛语录：虽然我写的都是平淡的家庭生活，很平淡，但有一点不得不说，很多生活枯燥的朋友给我来信说我的文章带给他们快乐，我在这里要强调的是：你的生活就是你的文章。我是基督徒，我要感谢天地的主宰——我们称为神，因为它使我的生活曾经多彩多姿过，至于将来会怎么样，不知道。

那还是很小的时候，不应该称之为写作的时候吧！还是上小学的时候，三毛的数学成绩特别不好，唯一值得欣慰的是语文还不错，最拿手的就是写作文。每次的作文都有可能被作为范文在班里传读，教室里的墙报更是三毛最有用武之地的地方。

　　那时候，有很多同学都头痛作文。三毛不怕，并不亦乐乎地替同学操刀，一篇篇地替写，哪怕是十几篇，三毛都不在话下。

　　可惜的是上了中学没多久三毛就休学了，之后又在恩师顾福生的鼓励下开始了写作，发表了第一篇文章《惑》。当自己的文字变成铅字后，三毛喜不自胜，自己躲在屋子里哭得是天昏地暗。

　　后来，去了国文学院读哲学，才发现因为休学落下了许多课程，会考次次不及格。老师要罚，三毛主动请缨，不如罚她写作文吧！篇数不限，字数不限。

　　那次，三毛一下子写了三万多字，家里的每个成员都各占一篇，从祖父开始，一直写到父亲、母亲，共六篇吧。

　　三毛的作文里都写了什么，我们无幸读到，可有幸读到的老师竟然被感动得哭了起来。

　　那次老师把三毛叫到办公室，对着她说："你是我的学生中最有才华的。"就是这句话，给足了三毛自信，使三毛更坚定了之后的写作之路。

　　三毛后来说："我从小事事都不太如意，唯有写作，从来都没有不顺过，从小学开始投稿，次次都中的，从来都没被退过稿。"

　　可是写作却是三毛生活里最最不重要的事了。

大三那年，离开台湾，辗转到了西班牙。此时，三毛完全是搁了笔，不再写作了。编辑都大为叹惜，屡次约稿，三毛都婉拒了。直到十年之后，三毛那时已然在广阔的撒哈拉沙漠了。

沙漠的生活很贫瘠，加上荷西要上班，三毛太过无聊了。这时，三毛才想起写信给自己的家人，把自己在沙漠里的一闻一见都事无巨细地告诉自己的亲人。那时的写作是给家人的一种信息——她在，并且很好地在沙漠里生存着。

三毛从来都不会为写而写，她一直认为只有经历了，写出来的东西才会生动，值得推敲。比起写作，三毛更注重的是生活，她一直将写作当成自己生活里的游戏，有了兴致就玩玩，从不强迫自己写字挣钱，或者写字出名。三毛写作的题材大多来自亲身经历。许多读者看了三毛的文章纷纷来信，大多是觉得三毛的生活太有意义了，是件好玩的事。

三毛也觉得生活本来就是多姿多彩的，好玩只是生活的一部分，生活会教会我们很多，比如爱，比如幸福，比如无能为力的痛，还有好多好多。只有经历了，那份感觉才无比地真实，人人都能与之共鸣。

所以，写作要扎扎实实地建立在生活的基础之上。三毛的婚姻生活是幸福的，所以三毛的生活就是自己的爱情生活。

三毛还说，我的人生观，就是我的爱情观。是的，如果不是荷西给了三毛爱、自由和信心，也许，三毛就不会写出那么多感人的文章。

每次，三毛动笔都会在晚上，白天不知道是日光太过耀眼还是别的原因，三毛总是不能专心地写文章。到了晚上，三毛早早地让荷西先睡了，然后给自己倒一杯茶，点上一根烟，开始了自己的写作时间。

三毛的文章里从不说假话，如果真让她写假的东西，她宁愿不写。三毛不写时，会搁笔很久，如果真要开始写，必是要加班加点地把文章写完，有时会是整整一个晚上不睡觉，最长的一次三毛有六天晚上没睡过觉。

三毛写文章最大的动力就是娱乐自己的父母，因为她知道，远在家乡的父母最喜欢的就是能读到自己发表的文章。有一段时间，荷西晚上老是失眠。三毛究其原因，竟然是因为荷西睡觉时非要拉住自己的手，才能安然入睡。

为了能让荷西睡个安然的觉，三毛停笔了十个月之久。她知道，荷西的工作有一定的危险性，所以晚上的睡眠质量直接关乎荷西的安危，只要荷西一切安然，三毛宁愿付出一切，又何况生命里并不重要的写作呢！

后来母亲问起，为什么这么久都没能看到三毛的文章，三毛如实地回答了。母亲疑惑不解地说，这两件事并不冲突呀！

"不。"三毛肯定地说，"我的生活非常幸福，如果我的写作妨碍我的生活，我愿意放弃我的写作。"

不是生活，是荷西，一直在三毛心里有着至高无上的地位，为了荷西，三毛宁愿放弃整个世界，包括生命。

是的，之后，三毛一直没写，直到荷西离开，三毛才重新开始了自己的写作生涯。

只是之后一切都变了。

三毛不再如从前那样，写作是生活的一小部分，之后的日子，写作差不多成了三毛生活的全部。她拼命地写，写书、写歌，甚至写剧本。也许是害怕夜晚来临时的孤单无助，所以就不停地让自己忙起来，再忙起来。

对于此时的三毛来说，写作已是轻而易举的事了。那么多年的读书积累加上生活经历，写作已然得心应手了。

三毛只是管写，出版的事都是父母在做。本来就是写给父母看的，所以手稿之类的三毛收都不收回，丢给父母就完事了。

三毛大红时，有人说那只是一时的三毛庸俗热。三毛不恼，只说了：盲人骑瞎马，走了几步，没有绊倒，以为上了阳关大道，沾沾自喜，这是十分可怕而危险的事。我虽瞎马行空，心眼却不盲，心亦不花，知道自己的肤浅和幼稚，天赋努力都不可强求，尽其在我，便是心安。文章千古事，不是我这如草芥一般的小人物所能挑得起来的。庸不庸俗，突不突破，说起来都太严重。写稿真正的起因，还是为了娱乐父母，也是自己的兴趣所在。

文章的好坏，自有人去说，三毛早已司空见惯了，不争不忙，任世人去评说吧！

三毛的写作，完全是游于艺。玩就是玩，写完了，她的事情也了结了。她从没想到会有这么多的读者，也很少想到稿费。但是，文章登出来，看排版好的铅字，也是一种快乐。

　　三毛语录：写好了字数好多的广告，我对着墙上丈夫的
照片默默地用心交谈。丈夫说："你这样做是对的，是应该
回到中国父母的身边去了。不要来同我商量房价，这是你们
尘世间的人看不破金钱，你当比他们更明白，金钱的多或少，
在我们这边看来都是无意义的。倒是找一个你喜欢的家庭，
把房子贱卖给他们，早些回中国去，才是道理。"

　　离岛三年，一朝回去，最不敢面对的就是那个原本的家，
会荒芜成什么样子。

　　没有想象中的乱七八糟，是朋友和他们的孩子一起忙活
了整整四天，三毛才能看到眼前的窗明几净。

　　打开大门，院子里那棵相思树早已长成大树了，被风刮

得呼呼响，似乎在欢迎着三毛的回归，亦似乎在倾诉着自己无尽的悲愁。

院子的草坪，因无人管理，早已枯死了，三毛不敢停留，开了房间的门，那巨大的面朝着大海的落地窗，一如从前。透过它能看到碧波荡漾着的大海，在月光下发着动人心魄的美。

朋友和孩子们上蹿下跳着把整个房间里所有的灯都打开了。一下子，家，一览无余地出现在三毛的面前，三毛像对待着远离的好友一样，一件件地看，或者抚摸着那些家具，多年前，它们留下过荷西的气息，如今睹物更思人。

这里留下了多少美好的回忆啊！荷西不停地吃着三毛包的饺子，与荷西的每一次亲热或者争吵，一切都如昨日般，那么清晰。

感谢璜和班琪的孩子，他们把房间里布满了鲜花，那绿莹莹的盆景，以及雪白的床单，三毛的感激之情油然而生。要有多深刻的喜欢，才会有如此精心的付出？

按照中国的风俗，三毛给孩子们一一包了红包，虽然俗气却也喜气。三毛知道他们收入不稳定，特意给璜包了个大大的红包，怕他不收，硬说是三毛父母给的。

人散后，独自面对空阔的二百多平方米的大房子，三毛突然觉得害怕起来，听说之前曾有小偷来光顾过，如果今晚小偷再来，怎么办？

把灯熄灭，怕引来贼人，开了窗户，让海风在屋子里来回荡漾。还是不敢入睡，只能听着夜和风的声音，最后，终于在东方快白之际，对着天空许愿，愿荷西和干爹可以在冥冥之中守护自己。貌似知道荷西和干爹一定会保护自己般，她这才沉沉睡去。

三毛每个晚上都是这样，很晚了都不敢睡，怕小偷来，还有在那太过空荡荡的房子里，安全感荡然无存，竟然是再也没有以前荷西活着时的感觉了。

这处房子，怕是再也住不下去了，三毛动了卖了它的心思，答应过婆婆房子卖了后会给她一份钱，也许卖房，也是自己要还的承诺吧！相信荷西也会赞同自己的。

三毛开始做卖房子的广告，见到熟悉的人都会把卖房子的事提到交谈中来。那些在此地的朋友都大为惊讶，三毛卖了房子，还会回来吗？

三毛就不停地解释："父母年纪大了，我——不忍心再离开他们。"是呀，为人子女必须尽孝道，这也是三毛卖房子的另一个原因吧！

所有的人都告诉三毛，现在是卖房子最不适合的时候。西班牙经济不景气，房价是一跌再跌，三毛早已看透了一切，对于房价，无所谓高与低，只是想尽快出手。可是，买房子的人必是投缘的对眼人，决不能让自己心爱之物落入讨厌人的手里。

第二天晚上，三毛说写好了广告，只能在这里待一个多月，买卖房子都是大事。所以，三毛还是决定早些做决定，怕耽误回去的时间。

房子想快些出手，价格方面肯定会低的，按照当地的行情，三毛在广告里标明，要价六百万西币，这价格只是当时房价的一半。看到广告后的朋友纷纷上门劝三毛，说房子卖的价格太低了，太吃亏了。就连刊登广告的小姐也说价格太低了，可是，父母急切地盼着自己回去。如果要价一千万的话，也许会等很久，三毛不想等了。

在海边，三毛赤足在水里奔跑，看到退下的海潮，三毛追赶着喊："房子，房子，你走了吧！我不再留恋你——就算作死了。你走吧，换主人去，去呀——"那话里的伤感，不知道浪花听到了会不会流下泪来？

广告发出去了，三毛不得不待在家里，等待着前来看房或者商谈的买主。到了中午，就有电话打了进来，要看房的。

这是第一个上门的买主，三毛看到那个胖胖的女人，一进院子里，满眼的鄙夷，三毛的第一个感觉就是她不喜欢这里。

后来通过谈话，那女人只是看上了这个地段，房子如果买了的话，她会推翻了再造。三毛开始讨厌这个女人，看着她一身的珠光宝气，与院子里的相思树那样的格格不入，三毛怎么敢把它们交给她？

接下来的一对男女，有着金童玉女的感觉，女的长发，很文艺的样子，看到三毛的大窗时，她几乎跳起来了，那是喜欢的表情。这是她在梦里见到了许多次的房子，三毛在心里想。男人也一脸的胡子，像荷西，这一对，三毛只看了相貌，内心就有了几分好感，他们多像多年前的自己和荷西啊。

可惜的是，两个人刚刚失业，别说买房子了，生活都无处着落，三毛只能对他们说抱歉了。等到他们找到工作，贷上款时，那要何年何月啊！三毛没时间等。

只好说了抱歉，送走他们。三毛又接到了许多来看房子的人，没想到广告第一天就有这么多人来，三毛一一陪着他们看了房子，看他们在买房前的规划。有一位太太，自称先生是位教书的，看着房子，一会指着卧室说，这间给儿子住，厨房再扩大些，看着相思树也是满眼的喜欢，对那朝海的大窗更是满意之极，说到房价，又不停地说公道，还可以马上一次性付清。

三毛以为，房子终于可以卖掉了。可是当那个太太的教书先生来了之后，脸上又羞又急，说了好久的话，才把太太骗上车子，然后回过头来告诉三毛，太太有妄想症，看到有人卖房子，就会一家家地跑去参观。三毛才明白，原来那个太太有病。

从来没想卖房子竟然也能遇到如此有趣的人。那太太还在如痴如醉中，一边的先生却早就在道歉了，一如多年前荷西骂三毛脑子有问题的样子。

其实，每一个人心里都有一个美好的愿望。当初的三毛，在撒哈拉时，荷西不一样也嘲笑三毛脑子有病。那时的三毛每日里梦想着会有一座自己的农场。那时候，三毛每年都会发一次狂，脑子里总是会出现梦想里的农场。远处是大片原始森林，有成群的三毛最喜欢的马儿，可以种上几十公顷的无籽西瓜，养上二十头奶牛，让它们吃嫩嫩的青草，自己的家人可以喝最天然的牛奶。把家人都接过来，反正房子大得很，一家人围着长长的餐桌，其乐融融地喝酒吃饭。饭后散步，到处都是清新的空气。每条小道上都种满鲜花，夜里可以坐在一把摇椅上，披着一件厚厚的外套，放着喜欢的音乐，一边喝着柠檬汁，不知归时，会听到妈妈关心的呼唤……

想起过去的点滴，看着远处的大海，以及山下的万家灯火，想着自己即将离开这里，那一丝丝的依恋与伤感接踵而来。

此时，门铃再次响起。三毛透过猫眼洞，看到一对夫妻，脸上正散发着朴实而亲切的笑容。

他们之前没有打过电话，广告上也没有地址，不知道这两位是怎么找到三毛家的。

开了门，男子一脸笑容地问三毛："Echo，你不记得我了？我可记得你，有一年，你的邮件曾让我们邮局关门十五分钟。"

三毛忽然想起来了，是的，六年前，从台湾回来，没想到邮局里竟然有自己三大包的邮件，有来自朋友的，来自读者的，还有杂志和出版社寄的样书的杂志。那么满满的三大包，三毛当时是哭笑不得，自己怎么把它们带走？

就在当时，邮局局长当机立断，让大家一起出动，先放下手里的活，关上营业的门，一起全力帮助三毛整理那些邮件，才从那三大包的邮件里整理出一大包的信件。那个邮局局长就是此时站在门外的男子。

竟然是曾经帮助过自己的人，三毛心生惭愧，惭愧自己竟然不认得帮助过自己的人。

那个太太一直很安静的样子，她身上的衣服虽然很旧了，可是一眼看上去让旁人也感觉舒服的那种。在房子里转了一圈，三毛看到男子与妻子的手很自然地握在一起，同时对着三毛说道：喜欢。三毛就在心里想，是他们的了，这房子与他们有缘。

可是讲到价格，男子一脸的愧疚之色。

三毛告诉他们价格还可以商量，只要他们喜欢。

三毛在广告上的价格是六百五十万，可是女子吞吞吐吐地说，他们结婚三年，只攒了五百八十万，虽然三毛的价格已经很便宜，可是他们的钱还差了一部分。

三毛一听，马上站起来说："成交，我房子五百六十万卖给你们。"

两个人惊得都张开了嘴巴，做梦般不敢相信地相互对望着。

三毛平平静静地对着他们说："我替你们留下二十万算作粉刷的钱，就好了嘛。"

男子赶紧与三毛重重地握了手，女子还沉浸在惊讶中。钱不是重要的，重要的是为这里，自己和荷西曾经的家找到一良主，那便是最大的成全了。

都走了，夜忽然就安静下来。三毛在房子里慢慢地踱步，把荷西的照片一张张地从墙上取了下来，这个家在不远的将来，将再也不属于自己，就像昨日种种，逝者如斯。三毛忽然没有了伤感，那份一直纠结的心，也舒畅开来。

善后

三毛语录：那几天长途电话一直响，爸爸说："恭喜！恭喜！好能干的孩子，那么大一幢美屋，你将它只合一百六十万台币不到就脱手了。想得开！想得开！做人嘛，这个样子才叫豁达呀！"

房子卖出去了，所有的人都在埋怨三毛，房子卖得太便宜了，只有父亲在电话里大笑，笑三毛那么大的房子竟然可以卖了那么低的价格。也只有父亲与三毛一样，眼里对钱的意识如此淡薄，而那份从容的豁达，才是父女间彼此欣赏的。

房子有着落了，可是房子里那么多的物事，要一一地整理好带回台湾根本不可能。想着在这里有那么多的好友，一一相送，又要符合他们的所需，三毛特别费了些脑子。

那个维纳斯的石像，是朋友甘蒂一直念念不忘的。三毛要走了，她鼓起勇气来买，怎么可能有价格呢？这里的一切对三毛来说都是无价之宝，而朋友对三毛来说一样都是无价的，那些东西，不卖只送。

也有自台湾的朋友发了电报，要三毛把东西全部海运回去，运费算他的。

那么千里迢迢的，三毛早累了，无心再劳师运送那些东西了。再说，在这里生死之交的朋友也不少，离别了总得送些东西以表纪念吧！

甘蒂那天晚上来了，带了老公和孩子，不仅把石像搬走了，还捎带着一个手提收录音机、一个双人粗棉吊床、一整套老式瓷器加上一块撒哈拉大挂毡，那些都是三毛一直珍爱的收藏，他们将它们装了满满一车子，就连小孩子都在乐得抿不着嘴地笑。

想起荷西出事那晚，甘蒂在深夜飞车赶来时的情义，三毛一定要还的。

还有木匠拉蒙，一直以来处处帮助着自己。这份情，三毛一直记在心里，晚上给拉蒙打电话，让他赶紧过来，荷西的那辆摩托车还在，送给拉蒙比较合适。那辆车荷西只骑了一个月，之后三毛倒是疯了似的玩命骑了一阵子，骑的时候总想出点状况，可惜却事与愿违。

推车的时候，无意间发现那个一直静待在车库里的长柜子，之前都是荷西一直在用。多久了，三毛都没想起过，它还存在着，打开门，荷西最喜欢的那把射鱼枪，就那么乍然地出现了。

三毛的心突地一下就抽紧了，赶紧把柜门关上，不敢面对那把荷西的最爱，临死时手里握着的东西。

拉蒙把那枪拿到手里时，三毛只看了一眼，就感觉四周一片阴森森的，有着让人不寒而栗的冷。

三毛转身，头也不回地说："我到客厅去，你，把里面的一切的东西都清掉……你不必跟我来讲再见，理清楚了，我们再打电话……"其实，车库里放着好多荷西重金买回来的潜水用具。但无论多贵重，三毛一件也不能留了，每一眼都是触目惊心的痛。

之后，三毛就静静地坐在客厅里不开灯，不说话，直到拉蒙带着那些东西离开。

还有那些书柜上的书，它们多得超出了三毛的想象，之前总觉得书少得可怜，不够读，现在那么多，怎么也带不走的，送给谁呢？这里的西班牙人看不了中国的书啊！

是的，中国的书要送给识得它的中国人。三毛想起了南施，那个在港口中国饭店的女孩子，她新婚的爱人小强，三毛见过，写了一手的好字，画了一手的好画，是三毛欣赏的一类人，而最最重要的是南施是和三毛一样的书痴，那些书送给他们，再正确不过了。

三毛希望那些曾经自己的宝贝，将来在它的另一位主人处，还会依然像在自己身边一样，受到珍藏和爱戴。

南施一听那些书要送给自己，先是一惊，平日里连借一本都不舍的三毛，今天会送给自己了？而且还是那么多的珍藏书，她真的不敢相信。

三毛告诉她，自己卖了房子，要回去照顾上了年纪的父母，所以那些带不走的书都将送给她。

南施听三毛说卖了房子，先是伤感了一下，又听到那些书以后都是自己的时候，乐得差一点没把爱人小强的胳膊掐出血来。

南施的父亲张伯不停地道谢，他们知道那些书的贵重之处。也好，这样他们会更加地善待。

那些西班牙文的书，多是荷西的，三毛送给了西班牙朋友法蒂玛。法蒂玛一本本地整理着，看到上面有好多荷西的签名，于是问三毛，你真舍得吗？

三毛不能回答，她自己也不知道自己是否舍得，想点烟。而那些火柴却不给力地打不出火来。舍得舍不得又如何？这个世界如此残酷无情，三毛一一领教了，任何东西都要作别的。生与死，分与离，只不过是时间的早与晚而已。

最爱的书，也有了它的去处了。东西在一日日地减少，三毛的心有一丝空荡，这样也好，少了许多的牵挂。

还有离自己最近的那对邻居夫妻——邮政局的长官。那年三毛刚失去荷西，一个人守在空空如也的大房子里，那时又一阵阵地闹电荒，时不时就停电了，只要到晚上停电，他们两个人必要来三毛的家里，要么拉三毛出去下馆子，要么就和三毛待在一起。这样的情，三毛记得，他们不肯让三毛一个人待在黑乎乎的房子里，怕她孤单，怕她恐黑，这样的心意，三毛怎么不懂得，此情更是要还的。

那把珍贵的大木琴，三毛一直如宝地收藏着，平时连旁人动一下都不肯的。今天，她背来了，她知道他俩是喜欢音乐的，所以一同拿来的还有三个半人高的达荷美的羊皮鼓，一起送了吧，算是最后离别的礼物。

那晚，三毛回去很久了，还一直听到从他们家里传来的鼓声。

柜子里的衣服送给了以前曾经来打扫卫生的露西亚，这次不是还情，是怜悯。露西亚的丈夫正在失业中，而他们有十一个孩子，真是不可思议。

柜子里所有的衣服，包括荷西的，三毛思考了一下都让露西亚拿走了。他们家孩子多，尤其是男孩子，那些衣服，应该都能派上用场，除了衣服，还有熨斗、水桶、扫把和就要不用的锅，能给的统统都给了。露西亚高兴地露出了她因为生了太多的孩子掉光了牙齿的牙龈。

铜船灯、罗盘、船的模型、一大块沙漠玫瑰石和一块荷西潜水训练班的铜浮雕……这些荷西生前的爱物，三毛一一地擦拭干净，荷西不在了，那么就给他最亲的，在他出事后第一时间从遥远的岛上赶过去，在荷西下葬后，把第一把黄土撒在他棺木上后，悲痛得哭倒在地的好兄弟。三毛记得他们的厚情，一生都不敢忘记。

十九个彩陶瓶子，一一地包好，送给了尼格拉斯，这个一直暗恋着三毛，而三毛视他为朋友的人。东西一一都处理了，一件不留地送给了周围的人。三毛一直是一个懂得感恩的人，她知道有些情不能欠，此次离开，这一生怕是再也不会回来了。要还的今朝都还了吧！

最后一件是自己最心爱的，亦是荷西最爱的——那匹"白马"。给班琪吧，他们家只有一辆车子，早就想着要再买一辆了，可惜手上没有闲钱。他们要盖房子，要养活孩子，这一切三毛都知道，当年在沙漠里与荷西抢车的事，还历历在目。所以班琪的心境，三毛最理解。

那些原本在房子里的家具，三毛一件都没有动，她留给了家的新主人。

一切都安排妥善了，各物入各眼吧！

还有一大堆的信件，三毛要处理一下，不能让房子看起来太过凌乱了。开着车，带着那大大小小的箱子，去海边的垃圾站丢弃。

苍白的天空下，海安静而慈祥，风也比平时温柔。虽然很小心，还是有信件被风吹起，跳跃着飞向海滩。怕脏了如洗的沙滩，三毛试着去追捡那些信件，而那些信件，却在徐徐风中不慢不争地朝前跑着。三毛奔跑着，一路越过沙滩，去追赶那些信件，而它们却像飞出牢笼里的小鸟，一转眼就不见。

三毛怔怔地站在那儿，身后是朝阳正要升起，听时光缓缓流动，却再也流不回到过去的光阴里了。

就这样，让一切随风去吧。

相逢
何必曾相识

三毛语录：赛哥维亚对我来说，充满了冬日的回忆：是踏雪带着大狼狗去散步的城，是夜间跟着我的朋友夏米叶去爬罗马人运水道的城，是做着半嬉痞，跟着一群十几个国籍的朋友做手工艺的城，是我未嫁以前，在雪地上被包裹在荷西的大外套里还在分吃冰激凌的城。也是一个在那儿哭过、笑过，在灿烂寒星之下海誓山盟的城。我要回去。

七年，荷西离开的七年后，三毛又一次来到了马德里。

每一次回去，三毛选择的班机一定是在星期五黄昏到达的。那样的话，整个周六就可以完完全全待在酒店里舒适地休息一整天。第二天，也就是星期天的早上，马德里特有的集市——旧货市场，那是三毛每次必去的地方。

　　长长的大约十条街的市场，每次逛完后，三毛只会静静地坐在教堂里，只是静静地坐着，什么也不管不顾。

　　这是一种触摸式的回忆，只有在这个和荷西曾经待在一起的地方，才能真正地感觉到荷西如此清晰地存在着。七年，时间像漠然的武林高手，已然在化解着悲伤的力量，荷西的脸曾那么熟悉，三毛也渐渐地想不起他当初微笑时的模样了，只有那象征性的大胡子，依然清晰地存在着。单薄的大胡子，似隐似现地分割着不知是痛是爱的感觉。

　　那条长长的石椅子，一直静静地待在那里，荷西在时，曾和三毛相偎依的地方，只可惜，它在，旧人却不见了。

　　时间已然化解了伤感，留下的只有淡淡的相思入骨。此时的三毛已然四十三岁了，可是她的身上依然有着不能言说的魅力。天知道那个中年人是怎么跟着三毛的，已经是夏天了，可他的身上还是冬天的衣服，竟然还戴了一顶破帽子。

　　从衣帽上观察，这是个不正常的人。可是，他朝三毛讲话时，三毛还是很礼貌友善地回答了他。渐渐地，那人开始问三毛隐私的问题了，比如你叫什么名字，从哪里来，住在什么地方。

　　三毛一直避讳与陌生人聊身世的。当那人一口气问出那么多三毛讨厌的问题时，三毛第一个反应就是离开，迅速地离开。

离开时，三毛还是礼貌地微笑着道了声"再见"。

可是，那个人却带着说不出的神经质，竟然一路跟着三毛，还不停地介绍自己是单身人士，可以考虑和三毛一起去中国。

竟然遇到这样的人！

三毛终于收起之前的礼貌。在咖啡厅里，三毛对着那个人大声地吼道："滚开！讨厌！疯子！"那声音连三毛自己都吓到了。是的，自己只是想找个清静的地方，寻找属于自己的那片回忆，却不想碰上了个无赖。

估计是三毛强硬的态度以及整个咖啡厅里投来的目光，让那个人无地自容地逃走了吧！

终于，三毛可以安静了。

那是一份丢在桌子上的西班牙报纸，三毛她一生喜好阅读，是看到有字的东西都不会放过。再点一杯只有西班牙才有的饮料，足可以改变一下忽然恶劣的心情。

那个大胡子男人出现时，三毛的心无端地一痛，是的，那个大胡子，荷西一直也有，把自己的脸一半放在胡子里，他们的本性有一多半是内向而害羞的。

大胡子就和三毛坐在一张桌子上，那么近，并且是一人手上一份报纸，都低着头，无人开口说话。

他手里的那份西班牙旅游指南告诉三毛，大胡子不是本地人。他一直低头看着，三毛清楚地知道，他在找自己此行的目的地。

三毛是个喜欢说话的人，太长时间不说话，三毛自己都受不了。况且对一个陌生的旅游者，三毛觉得作为荷西的故人，西班牙本地人，她有义务为他指明一下。

是三毛先开的口："我说——你下午还可以去看一场斗牛呢。"来西班牙，如果不看斗牛，那就算白来了。当然三毛是用英语说的。

那人抬起头时，脸上面带着礼貌的微笑，第一眼的好感，三毛就有了。

他可爱的笑脸还在，却说出了心中的疑问："是吗？"

三毛后悔了自己先张的口，他语气中有戒备。

"对不起，打断你看书了。"

那人完完全全放下手里的书了，然后依然礼貌地说："没有的事，有人谈谈话是很好的，我不懂西班牙文，正在研究明天有什么地方好去呢。"

谈话就这样开始了，原来他是希腊人，在雅典教了十年书，有过一次出书经历，倒是和三毛有几分相似，都来自有着几千年文明的古国，职业都是教书的，都有过出书的经历，算是同道中人。

可是，三毛一直没说自己的事情，她是一个不会向陌生人聊身世的人。就这样，两个不问名字、不问家庭状况的人，却有着许多相似的地方，比如家里人也都是法律工作者。还有他们从苏格拉底讲到爱情，从萨特达讲到中国近代史，然后又从易经讲到计算机……每一段对话之后，都有相见恨晚的兴奋。

是呀，天下之大，遇到能倾心长谈的人不是易事。整个下午，三毛和那个希腊人，眼里都是惺惺相惜。

三毛才发现，其实那个人长得真的很好看，还有他身上那种真诚深沉的气质，在太阳下依然能发出自己的耀眼光芒。

那是一种难舍的感觉，三毛忽然怕了，这感觉太过强烈，三毛怕顶不住。离开时，男子礼貌地站了起来相送，伸手再握，一句"很高兴认识你"说出了彼此的心声。

躺在马德里的酒店，深夜一点时醒来，竟然想不起身处何地，那种冰凉彻骨的感觉一下子就来了。这里是马德里，是荷西的家乡。很久，三毛才确定，是的，她是为荷西而来的。

塞哥维亚，明天一定要去塞哥维亚，那里也有关于荷西的回忆，就当回到那段与荷西在一起的日子吧！

夏天的塞哥维亚看不到当年有荷西的雪地，看不到未嫁时与荷西一起躲在他的外套里一起吃冰激凌的甜蜜。

早已是物是人非了。

而当年的三毛真实的幸福在此时变成更加刻骨铭心的悲伤，只有呆住在那儿，透过时光，依稀看那个已然走掉的人，聊以解相思。

荷西，三毛来了，你还在吗？

荷西，回来吧！

三毛的眼渐渐模糊，这世上有一种痛是，你在思念着他，而斯人却再也回不来了。十年生死两茫茫，不思量，自难忘。

没有想到的是，在异地竟然又遇到了昨天那个希腊人。天，是命运的安排吗？怎么会不约而同地出现在同一个地方呢！

只是见过一面，只是相谈甚欢的一个路人而已。如果可以，扭过身，还是路人一样擦肩而过吧！

三毛如是想，如是做，她背对着这个路过自己的人，只想让他悄无声息地来，再悄无声息地去。直到自己的身边悄悄地坐下一个人，她只能特意地扭身并回过头来。

是他，那个希腊人，已然静静地坐在三毛的身边。

不得不打下招呼了，嗨！

那个希腊人不说话，只是拿了个石子在地上画着，然后指着地上的字让三毛念。

三毛轻轻地读：亚兰。

希腊人点头，是，我的名字，以后你可以直接叫我亚兰了。

三毛点头，转念一想，一个萍水相逢的人，哪来的以后呀！

之后，三毛告诉了亚兰自己的英文名字 Echo，那是他们希腊神话里的一个女神，三毛知道他懂得的。

亚兰开口了，他说，昨天你走了之后，我一直在想，在什么地方见过你，可是根本就没有的事。

之后是长久的沉默，谁也不说话，就那样静静地坐着，昨天朋友的侃侃而谈一下子就消失不见了。

像过了好多年，亚兰开口了，他叫三毛 Echo。

这个熟悉的名字，在这个悲伤的城池突然被人呼唤，像一种延续了好多年的回音，是，那么多年前，有一个男孩子，曾经也是这样，Echo，Echo 地叫着……

三毛像丢了魂般，刹那间，那个叫自己名字的亚兰仿佛成了生命里最重要的人。而亚兰只不过是一个昨天才遇到的陌生人。

是他长得像荷西吗？是他亲切的大胡子和笑容吗？三毛一遍遍地问自己，可是没有答案。

过斑马线时，亚兰拉着三毛的手，那温温的热传递过来时，三毛忽然有泪流的感觉。有多久了，自己都没有那种被爱人照顾的感觉了。三毛那坚强的心忽然想放下，她只想做一个被人牵着过马路的人、被人疼爱的人。

可是，七年的孤独日子，她早已望情而怯了，她怕极了。那心爱之人永不再醒来的痛，比世上任何一种酷刑都让人发疯。

离别的日子就在今天。五点半，那个相约送行的时间。

三毛匆匆忙忙地选了一件白色的衣服，虽然之前挑了一阵子衣物，可是竟然感觉没有任何一件是适合的。

看见亚兰，一身简单的 T 恤长裤，那么儒雅地站在大厅里，如夏日里清新凉爽的风。看到三毛，他的脸微微地红了一下，像害羞的孩子。

那天，他们去看了《远离非洲》这部西班牙语的电影，而亚兰是个希腊人，根本听不懂影片里在说什么。他是陪三毛看的，她愿意，他便是快乐的。

出了影院，三毛与亚兰就这样没有目的地在路上走着，那感觉就像想一条路永远地走下去，不被打搅地走下去。

是三毛的读者，隔着饭店的玻璃窗看到了三毛，那人兴奋地大叫着三毛的名字。

那是一家中国饭店，叫三毛的是中国人，他一定要三毛进店里来，哪怕是喝杯茶。

亚兰听不懂中国话，三毛让那人说英语，这样不至于亚兰太过不解。

那个读者一口气地把三毛是作家，还有荷西，一件件地抖了出来，生怕时间短暂不能表述一样。

三毛看着亚兰，忽然地说："亚兰，让我很快地告诉你，我从前有过一个好丈夫，他是西班牙人，七年前，水里的意外，死了。我不是想隐瞒你，只是觉得，只有今晚再聚一次你就走了，我不想讲这些事情，属于我个人的。"

亚兰就这样定定地看着三毛，他的眼神里有温柔、了解、同情、关怀，一切仁爱的东西，他都有。他是理解的，那一刻三毛读懂了他的眼神。

离开饭店时，亚兰说，你应该早点告诉我，让我分担你的忧伤。早点，他们只是昨天才见的第一面，如果不去想，竟然发觉与他相识好似有了好多年。

亚兰握住三毛的手说："如果一个生命死了，另一个爱他的生命是不是应该为那个逝去的人加倍地活下去，而且尽可能欢悦地替他活着？"

三毛点头，如果荷西在，他一样会点头，他一定是希望自己好好活着的。可是，荷西你知道吗，三毛心里有多苦？

亚兰要走了，明天一早的飞机。那个蓝色的星石，他放在三毛的手里，他说出他的爱意，他要她保管这个父亲给他的自小不离身的宝贝，他要给自己心爱的人。

三毛推脱不了，那么贵重的东西，只是才见了第三次面的人给予的，给予的还有他的心吗？

三毛不敢想下去了——在荷西的城市接受一个陌生人的爱。

思乡之情

三毛语录：漂流在外那么多年了，回台的路途遥远，在国外，总有那么一份缘，有人要我把他们的家当成自己的家，这当然是别人的爱心，而我，却是有选择的。

十四年，多么漫长的岁月，蓦然一回首，已是百年身。三毛在外漂泊，与家乡是越行越远，不经意间就会有淡淡的乡愁萦绕，挥之不去。

大抵是认识的人多了，亲戚、好友、邻居加上患难之交，在国外的三毛每一次离家，去这些人家中小住，都有回娘家的感觉，却又及不上真正回娘家。

三毛梦中的娘家是具有中国农村特色的，有海、有田、有山坡，还有那数也数不清的野花的乡下，房子是老式的旧房子，可以有大栅栏，最好是木制的，爬满了正盛开的蔷薇，有鸡有鸭，可以盛气凌人地在自己家院子里迈方步，房后有竹子，竹子边是深井水流出的小河，夏天的傍晚可以看到萤火虫，一闪一闪亮晶晶……

三毛总爱拿这个理想中的家园去糊弄那些长年生长在本地或者城市里的可怜人群，引导他们幻想出另一个完美世界。

可惜三毛的家并不在农村，她的家在台湾的一座公寓里，没田没海甚至看不到萤火虫。

即便是这样，回家的路还是那样遥远不可及，唯有去附近的地方，自欺欺人地把那个地方想象成娘家的样子，聊解相思之苦吧！

最爱去的就是舅舅家，有点像想象中的家乡，那一望无际的田地里，到处都是绿色的橄榄树。舅舅是荷西家的亲戚，却对三毛特别喜欢，每次橄榄收获的季节，都会邀请三毛到舅舅家小住。

三毛那时是喜欢的吧，和舅舅的女儿只做些轻松的活，比如跟在一群工人的身后，寻找遗忘的果子，充满像发现新大陆的喜悦和成就感。要不就是帮忙数数那些装满了果子的麻袋包，空闲时就会和表妹去田园里采摘好看的花朵，把它们放在花篮，或者编成花环，戴在头上，像小女孩子一样跳跃着一路掠过泥巴土路……

　　凉爽的夏天之夜是最让人心旷神怡的，同样让人高兴的是舅舅的故事。舅舅的口才算是一流的，加上很灵活的思维，于是同样的故事在舅舅的口中每次都会花样百出，就有了三毛和表妹无数次的更正。等到深夜，便是三毛与表妹开始说女孩子家心事的时间了。像有着千言万语般，话题一开始，便是整宿的悄悄话，直到两个人说到不知不觉入眠。

　　然后在第二天的早上被舅舅从睡梦里唤起，重复着前一天的生活。

　　三毛后来说，只有去舅舅家的几次，像极了回娘家的感觉。只可惜后来，荷西走了后，三毛孤单一人，舅舅再叫时，三毛只感觉到孤寒，竟不敢独自去面对曾经和荷西一起去舅舅家时的情景了。于是，这能聊解思乡之愁的旅行也不了了之了。

　　可是，台湾离得那么远，想要回去一次并不容易。婆婆家的小住以及好友玛丽莎的娘家，三毛都有机会去了。只可惜，待了短短的数日，三毛就倦了，竟然不比一个人独自在外的感觉好。

　　玛丽莎的娘家算是不错的，有可爱的菜园，让人为之雀跃的游泳池，满眼的田园风光，还可以一觉睡到日上三竿，也不必担心有人会有一句的怨言，吃喝拉撒睡都有人体贴地照顾着。三毛知道是自己与玛丽莎共过患难的原因，每次来，都能看到她双眼通红的感动，每次去亦能感觉到她的不舍……

　　一切与家乡那么相似，一切又与回家那么不同。终于还是决定回台湾，那个属于自己的家，一解属于自己的乡愁。

　　在台湾的桃园机场，推着行李的三毛远远就看到了翘首以待的母亲。当那双在人群里寻找着的眼睛一看到自己远归的女儿时，情不自禁，就将三毛儿时的小名一呼而出，全然忘记了那是人流如织的机场。母亲忘情地双眼垂泪，早已被喜悦冲昏了，对所有事都充耳不闻了，眼里心里都只有宝贝的女儿。她回来了，回到自己的怀里了。

　　抱母亲入怀里，那个曾经一直揽自己入怀的胸膛，亦不如从前宽阔了，才发现母亲已然发间苍白，甚至连个子也忽然低了许多。

　　母亲早已泣不成声，靠在三毛肩上恸哭，这多年离别泪终于一奔而出。何止是母亲，来接机的父亲、姐姐、小弟以及侄子侄女，个个如泪人般，那是亲人情不自禁的情感。三毛忽然觉得，这个家给了她如此充足的安全感与温暖，足可以抵消世上所有的不快。

　　三毛的心忽然就柔软如棉了。她经历过那么多，明白有些感情，不需要时时记住；有些人，不需要常常想起。但在亲情来袭时，她依然没有控制住，和母亲与其他家人一样，泪流满面、不能自已。

　　这就是浪荡多年的游子一朝回家时的情景，无论多么高兴，都会喜极而泣。人生苦短，久不在身边，竟然还能再次相聚，便如梦回了。

终于归来了，还好人到中年，四肢俱全。还可照顾父母，做零碎的家务，之后写写字。

回台后，三毛开始了自己教书的生涯。

那间大学在山间，三毛分得了一间自己的单身宿舍，她不安电话，不装冰箱，不买电视。每日清晨起来喝茶、打拳，累了就磨砚写字。白天上班，身边围绕一群喜欢的大学生，心情也变得如他们般年轻无忧。到了晚上，出去散散步，回来看看书，写写稿子，日子竟然过得不亦乐乎。

等到休息日时，就飞快地回到父母身边。几日的分离，竟然有了那么多的想念。每每回家必会接到好多求爱者的电话，很无奈又透着几分喜悦。是呀，人到中年，还有人不停地追求，算不算是一种自豪？

三毛一直是《联合报》的特约作家，她在沙漠里的《中国饭店》就首发在《联合报》上。这一次，三毛得到了联合报的赞助，可以前往中南美洲旅行半年。

这一趟，三毛去了墨西、洪都拉斯、哥斯达黎加、巴拿马、哥伦比亚等国家，回来之后出版了《万水千山走遍》。

似乎一切都安定了，三毛不再远行了，安然地在台湾文化大学文艺组，教小说创作、散文习作两门课程。

结局：
生命的意义

三毛语录：进来了别的客人，我们声音就小了，可是彼此敌视着，恨恨的。就因为突然安静下来了，我听见邻桌的那个爸爸，用着好和蔼好尊重的语调，在问女儿们想吃什么、想喝什么。那种说话的口吻，透露着一种说不出的教养、关怀、爱和包涵。

有些人，只是偶遇就知道是喜欢的。像爱情里的一见钟情般，现在也可以称是一见如故。

那天，是与台北工专教授"工业设计"的赖一辉教授、实践专家教授"色彩学"的陈寿美老师，还有他们的一对女儿依缦、依伶的初次见面。彼时，三毛正一肚子的火气。是的，之前，她与朋友去野外玩，在一处被废弃的红砖房处，三毛喜欢上了那房子外面挂着的一对破旧的老式中国纱灯。纱灯不仅旧，上面还满满的都是灰尘，夹杂着丝丝缕缕的蜘蛛网，风一吹，加上偏僻，竟然有点香港影视剧里鬼片的感觉。

同行的达尼埃，一再地阻止，三毛还是心意满满地把那对纱灯给摘了下来。他们眼里的这些破烂玩意，在三毛眼里都是久远的民俗工艺品，说不定还有着不为人知的秘密和故事。

于是，达尼埃一路生气，怪三毛把那些脏乎乎的破烂都弄上车子，看上去太不舒服了。

三毛呢，怪达尼埃的不帮忙。

那家四口，是紧跟着进入饭店的，三毛与朋友刚好因为争论那辆车里是否还可以装得下这对灯笼而闹得都不愉快，所以此时都在大声争执。看到有人进来了，彼此的声音便慢慢减弱了，只有那两双充满怒火的眼神相互瞪着。原本是没注意那进来的一家四口，只是在突然的安静中，三毛听到那家里的父亲在询问女儿想吃什么或者想喝什么，那种说话的语气，直接就把三毛的注意力吸引过去了。是，那语气中透露着教养、关怀，还有包涵与爱，像极了自己的父亲。

三毛的好感油然而生，侧耳又听了几句他们的闲聊，竟然是越发地喜欢了。

那家妈妈，衣着很朴素，却透着说不出的气质和美感，连三毛一旁的朋友都连连地用德语夸着好看好看。没想到对方竟然听懂了，朝三毛他们望过来时，一脸的笑意，一开口竟然让三毛也惊了："是三毛吧？"她竟然认得自己。

三毛是欣喜的，对于喜欢的人，三毛最乐意的是交往。那种投缘，充满了说不出的神秘与亲切。最后，三毛下定决心，把那盏费了好大劲弄回来的纱灯送给情投意合的这家人。

朋友达尼埃马上不屑地反对，那对破灯，人家会嫌脏的。

不会的，不会的，三毛知道他们也一定和自己一样，对中国的古文化有着深厚的认知能力。

后来，三毛和这家人理所当然地成了朋友，并且很巧的是，赖一辉教授的家竟然离三毛的家很近，步行十几分钟的事。可是之后三毛就飞去美国加州了，所以一直没有机会去他们家里拜访一下，不过总是保持着联系。

回到台北后，三毛白天教书，夜里改作业，还有写些稿件。短短的两个学期时间，三毛瘦了差不多三十斤。太可怕，这样下去怎么得了，估计是离死不远了。于是，三毛决定辞去工作，先安心在家里休养生息再说。

辞去了工作，那套公寓大概也是要交上去的，只好在父母的另一所公寓里住了下来，公寓不大，三毛一个人住倒也足够了。

三毛也很喜欢这里，左邻右舍都是有知识有修养的人。

三毛乐意待在这里的最主要原因是这里无论是看电梯的、管理人员，还是公寓路过的那些卖衣服的、卖小吃的、卖书的，都像是朋友一样，对三毛嘘寒问暖的。三毛挺感动这种尘世里烟火般的温暖，突然觉得很知足，但愿一直就这样生活在这里，直到永远。那时，三毛确实是这样想的。

那是依伶的来信告诉三毛的，他们要搬家了，此时离最初的相识已然有一年的光阴了。三毛一直想念着他们，可不好意思说出来，而对方又怕打扰了三毛，如此阴差阳错着，错过了再叙的机会。

竟然要搬走了，这次必是要去见见的。

接到信的那天晚上，三毛就去了。从母亲家出来，刚走了三分钟就看到了依伶。她听说三毛要来，早早地就出来迎接了。赖家住在四楼，离着老远，三毛就看到那个地方灯火通明，似乎正在举办盛大的派对。

进了门，三毛心里微微一惊，只见那帘虽是竹制的，却透着优雅，盆景被打理得绿意盎然，别致的圆形拱门，精致的鱼缸，还有主人一家甜甜的笑脸……三毛觉得，一切都如梦如幻。

在那特别的拱门之后，三毛看到了通道上那两盏纱灯，对，正是一年前自己亲手送给他们的。果然！他们知道那灯的妙处。

　　这是一座复式的房子，房子上面还有一层。一幢小楼，外面是一座天然的小花园，有高大的樱花树，有一片片的绿草，真是一幅难得的人间美景。三毛当时就震撼了，这里哪是一座普通的住宅呀，分明是自己梦里想了千百回的家呀！

　　之后，无数个声音一直在呼喊着："三毛，这是你一直想要的，抓住了，别让它溜走了。"

　　这么多年了，自荷西离开后，从来没有任何一样东西和事物让三毛如此痴迷了。是的，这世界上竟然还有自己想要的东西，三毛捂着胸口，确实自己真的是复活了。

　　一定要买下来，在赖家没有卖给别人之前。

　　可是，手里的钱都还在西班牙，一时根本不可能到手。怎么办？

　　夜很深了，从赖家回来，三毛不得不给父亲打了电话："爸，我有事求你……爸，你一定要答应我，我一生都没有求过你……"三毛当时很恐慌，是的，她害怕失去，那个房子自见了之后，已然是心爱之物了，无论如何，不能与它错失了，三毛当时一定是这样想的，要不，人到中年，还张着嘴问年老的父亲要钱，那是她万万做不到的。

　　父亲猜到了，女儿想要的房子一定是赖家的房子。责任上，他要陪她去看的，毕竟买房子不是小事。

　　第二天，父亲就和三毛一起去了赖家。隔着老远，三毛急迫地指给父亲看，父亲不住地点头，看到了看到了。三毛后来想，哪是父亲看到了房子，一定是父亲看到了女儿一颗深爱着房子想要得到的心。

房子最后在父亲的赞助下买了下来。似乎一切都安定下来了。

1981 年，三毛决定结束流浪异国 14 年的生活，定居台湾。同年 11 月，《联合报》特别赞助她往中南美洲旅行半年，回来后写成《万水千山走遍》，并做环岛演讲。

1984 年，因健康问题，三毛辞卸教职，而以写作、演讲为生活重心。

1989 年 4 月，三毛首次回大陆家乡，发现自己的作品在大陆也拥有许多的读者，便专程拜访以漫画《三毛流浪记》驰名的张乐平先生，一了夙愿。同时，三毛也拜访了西部歌王王洛宾，从小三毛就喜欢唱王洛宾的《在那遥远的地方》《达坂城的姑娘》。

见到王洛宾时，三毛深情演唱了自己写的歌曲《橄榄树》："不要问我从哪里来，我的故乡在远方，为什么流浪……"两个同样有着艺术灵魂的人，相互欣赏，结下了文化友谊。

1990 年从事剧本写作，完成第一部中文剧本，也是她最后一部作品《滚滚红尘》。

1991 年 1 月 2 日，三毛因"子宫内膜异位肥厚"住进了台北荣民总医院，所有人都以为这只是一般的小疾病，只需要接受治疗，并无大碍。

三毛的病房是一间单人病房，有独立的卫生间，住在这里的主要原因是足够清静，不会受到别人的打扰，可以安心养病，可是谁也没有想到。1991年1月4日清晨，当清洁女工推开三毛的房门时，她已经离世，警方判断为自杀身亡。

那一年，三毛48岁。

三毛走了，人们却会永远记得那对生活在沙漠里的神仙眷侣，一望无垠的大漠中，一位高大却瘦削的男子，正牵着一位身穿白色曳地长裙的女子漫步……

三毛生平大事记

1943 年 3 月 26 日出生于重庆，浙江定海人，取名为陈懋平。

1948 年随父母迁台，入台北国民小学读书。

1954 年入台北省立女子中学。

1955 年升为初二生，受墨汁涂面打击，以及为看小说开始逃学。后休学在家。

1962 年以陈平名义在《现代文学》发表第一篇作品《惑》。

1964 年得到文化大学创办人张其均的特许，到该校哲学系当旁听生，课业成绩优异。

1967 年初恋失败，赴西班牙马德里文哲学院留学。圣诞节初，结识荷西。

1968 年与荷西分别。漫游巴黎、慕尼黑等地。

1971 年返回台湾，任教于文化大学和政工干校。

1974 年进入撒哈拉沙漠。

1974 年 7 月，与荷西在沙漠小镇阿尤恩结婚。

1974 年 10 月 6 日，以笔名"三毛"在《联合报》发表作品《中国饭店》。

1976 年夫妇移居大加那利岛。5 月，由皇冠出版社出版《撒哈拉的故事》。

1979 年随荷西到拉芭玛岛生活。9 月 30 日，荷西海底捕鱼时意外丧生。回到台湾。

1980 年 5 月，重返西班牙和加那利，开始孀居生活。

1981 年 11 月，开始中南美之行。

1982 年 10 月，返回台湾任教于文化大学中文系文艺组。游记《万水千山走遍》出版。

1984 年赴美度假治病。

1985 年一度丧失记忆，神经错乱。

1986 年 10 月，正式回到台北定居，被台湾多份报刊评为"最受读者喜爱的作家"。

1988 年 6 月 12 日，给"三毛爸爸"张乐平写第一封信。

1989 年 4 月，曾回大陆探亲；同年开始创作电影剧本《滚滚红尘》。

1990 年《滚滚红尘》获金马奖八项大奖。

1991 年 1 月 4 日清晨去世，年仅 48 岁。

参考书目

[1] 三毛 . 闹学记 [M]. 长沙：湖南文艺出版社，1993 年 .

[2] 三毛 . 撒哈拉的故事 [M]. 哈尔滨：哈尔滨出版社，2003 年 .

[3] 三毛 . 哭泣的骆驼 [M]. 长沙：湖南文艺出版社，1993 年 .

[4] 三毛 . 雨季不再来 [M]. 北京：北京十月文艺出版社，2009 年 .

[5] 三毛 . 万水千山走遍 [M]. 长沙：湖南文艺出版社，1995 年 .

[6] 三毛 . 稻草人手记 [M]. 长沙：湖南文艺出版社，1993 年 .

[7] 三毛 . 梦里花落知多少 [M]. 哈尔滨：哈尔滨出版社，2004 年 .

[8] 三毛 . 温柔的夜 [M]. 长沙：湖南文艺出版社，1995 年 .

[9] 三毛 . 背影 [M]. 长沙：湖南文艺出版社，1993 年 .